JUNTOS EN ARMONÍA

LA COMUNIDAD QUE MARCÓ LA IGLESIA DE HECHOS 2

Lifeway Recursos®
Brentwood, Tennessee

Juntos en armonía
Publicado por B&H Español® • © 2025 Lifeway Recursos®

ISBN: 9798384536864
Ítem: 005853420
Clasificación decimal Dewey: 262.7
Clasifíquese: VIDA CRISTIANA / IGLESIA / COMUNIÓN EN LA IGLESIA

Para pedir copias adicionales de este recurso, llame al 1 (800) 257-7744, visite nuestra página, www.lifeway.com o envíe un correo electrónico a recursos@lifeway.com. También puede adquirirlo o solicitarlo en su librería cristiana favorita.

Impreso en Estados Unidos
Publicación de Lifeway Recursos
200 Powell Place, Suite 100
Brentwood, TN 37027-7707

CONTENIDO

SOBRE EL AUTOR

Ben Mandrell es el presidente y el director general de *Lifeway Christian Resources* [Recursos cristianos de Lifeway]. Antes de llegar a Lifeway, pastoreó iglesias en Tennessee y Colorado. Su corazón de pastor y su inmenso amor por la iglesia continúan siendo las claras motivaciones por las cuales él ejerce el liderazgo. Ben predica por todo Estados Unidos y participa como orador en conferencias y eventos de liderazgo y capacitación. Junto a su esposa Lynley, es copresentador del pódcast *The Glass House* [La casa de cristal]: conversaciones que ayudan a cultivar emociones y relaciones saludables para líderes ministeriales y sus familias.

CÓMO UTILIZAR ESTE ESTUDIO

Este estudio bíblico ofrece un proceso guiado para que tanto individuos como grupos pequeños experimenten la unión tan necesaria y tan inusual de la comunidad cristiana. Seis sesiones de estudio que ayudan a comprender las aplicaciones de la vida juntos en Cristo. La oración para este estudio es que Dios establezca nuevas expectativas en cuanto a las relaciones entre los creyentes de las iglesias locales; y también que fomente en cada uno de ellos un deseo por comprometerse de manera personal con la comunidad cristiana de acuerdo con esas expectativas.

ESTUDIO GRUPAL

No importa el día de la semana que tu grupo se reúna, cada sesión de contenido comienza con la sesión grupal. Cada sesión grupal utiliza el siguiente formato para facilitar la interacción sencilla pero significativa entre sus miembros y con la Palabra de Dios.

COMENCEMOS

La sesión grupal debe comenzar con algunas preguntas diseñadas para ayudarte a introducir el tema de estudio de la sesión y alentar a todos a participar.

VEAMOS EL VIDEO

Esta sección proporciona frases clave de la enseñanza en video, así como espacios en blanco para tomar notas. Los códigos para acceder a las enseñanzas en video se incluyen con la compra de este libro y se pueden encontrar en su reverso.

DIALOGUEMOS

Esta sección es el componente principal de la sesión grupal. Las preguntas ofrecidas están diseñadas para facilitar el estudio en grupo del tema de la sesión. El objetivo es ayudarte a entender mejor el modelo de comunidad de la iglesia de Hechos 2 y comenzar a relacionarte con los demás de esa manera en tu iglesia local.

ESTUDIO PERSONAL

Después de cada estudio en grupo, tendrás la oportunidad de reflexionar sobre el tema de la sesión. Contarás con dos días de estudio individual de la Biblia para ayudarte a pensar bíblicamente sobre el tema y una posibilidad de seguimiento para impulsarte a responder al tema de manera personal. Con enseñanza bíblica y preguntas introspectivas, estos segmentos cooperan para desafiarte a crecer en tu comprensión de la Palabra de Dios y a responder en fe y obediencia.

CONTEXTO PERSONAL

La sección de estudio individual comienza con un espacio para identificar ciertas lecciones de vida que han influido en tus actuales puntos de vista y tus relaciones prácticas dentro de la comunidad de fe. Esto te ayudará a determinar las distintas formas en que luchas con la verdad y a acercarte al texto bíblico entendiendo tu necesidad personal.

ESTUDIO BÍBLICO PERSONAL 1 Y 2

Tanto el estudio en grupo como el personal son complementarios. Tienen como objetivo ampliar tu perspectiva de la unión entre los creyentes y ayudarte a reflexionar y aplicar lo aprendido en la sesión grupal.

RESPUESTA PERSONAL

La sección de estudio personal concluye con preguntas que llaman la atención sobre áreas en las que debes centrarte para hacer cambios en el futuro.

CONSEJOS PARA LIDERAR UN GRUPO PEQUEÑO

Sigue estas indicaciones para preparar cada sesión grupal.

PREPÁRATE EN ORACIÓN

Revisa con antelación el material semanal y las preguntas grupales. Decide conscientemente orar por cada miembro del grupo. Pídele al Espíritu Santo que obre a través de ti y en los diálogos mientras conduces a tu pequeño grupo a Jesús cada semana por medio de la Palabra de Dios.

MINIMIZA LAS DISTRACCIONES

Crea un ambiente acogedor. Si los miembros del grupo se sienten incómodos, se distraerán y, por tanto, no participarán de la experiencia grupal. Planifica con antelación detalles como los asientos, la temperatura, la iluminación, el alimento y la bebida, el ruido ambiental y la limpieza general.

La consideración y la hospitalidad muestran a los invitados y a los miembros que son bienvenidos y valorados en cualquier entorno que elijas para reunirse. Puede que algunas personas no noten tu esfuerzo, pero tu preparación ayudará a eliminar las distracciones. Haz todo lo que esté a tu alcance para ayudar a las personas a centrarse en lo más importante: conectarse con Dios, con la Biblia y unos con otros.

INCLUYE A OTROS

Tu objetivo es fomentar una comunidad donde las personas sean bienvenidas tal y como son, pero alentadas a crecer espiritualmente. Mantente siempre atento a las oportunidades de invitar a nuevas personas al grupo y de incluir a los visitantes en la conversación. Una forma sencilla y acogedora de invitar a alguien a participar, o de hacer que los que vienen por primera vez se sientan bienvenidos, es darles sus propios ejemplares de este libro de estudio bíblico.

FOMENTA EL DIÁLOGO

Una buena experiencia en un grupo pequeño tiene las siguientes características:

TODOS PARTICIPAN. Anima a todos a preguntar, responder o leer en voz alta.

NADIE ACAPARA LA CONVERSACIÓN, NI SIQUIERA EL LÍDER. Asegúrate de que tu tiempo de hablar como líder ocupe menos de la mitad del tiempo que pasan juntos como grupo. Si alguien predomina, conduce amablemente el diálogo.

NO SE APRESURA A NADIE A RESPONDER LAS PREGUNTAS. No pienses que un momento de silencio es algo malo. A menudo la gente necesita tiempo para pensar en sus respuestas a las preguntas que acaban de escuchar o para llenarse de valor y compartir lo que Dios está suscitando en su corazón.

LAS INTERVENCIONES SE VALORAN Y SE APROVECHAN PARA CONTINUAR CON LA CONVERSACIÓN. Asegúrate de destacar lo verdadero o útil en una respuesta. No te limites a avanzar únicamente; fortalece el compañerismo con preguntas de seguimiento, al indagar cómo otras personas han experimentado cosas similares o cómo una verdad ha moldeado su comprensión de Dios y de la porción de la Escritura que están estudiando. Es poco probable que las personas hablen si temen que no quieras escuchar sus argumentos o piensen que estás buscando una respuesta específica.

DIOS Y SU PALABRA SON ESENCIALES. Las opiniones y las experiencias pueden ser útiles, pero Dios nos ha dado la verdad. Confía en que la Escritura es la autoridad y que el Espíritu de Dios actúa en la vida de las personas. Tú no puedes cambiar a nadie, pero Dios sí. Continuamente guía a las personas a la Palabra y a dar pasos activos de fe.

MANTÉNGANSE EN CONTACTO

Piensa en formas de relacionarte con los miembros del grupo durante la semana. La participación durante la sesión grupal siempre mejora cuando los miembros dedican tiempo a relacionarse entre sí fuera de las sesiones. Mientras más cómoda se sienta la gente y más involucrada en la vida de los demás, más deseos tendrán de estar juntos. Cuando las personas pasan de ser amistosas a ser verdaderos amigos que forman una comunidad, acuden a cada sesión con ganas de participar en vez de tan solo asistir. En la medida de lo posible, haz amistades más profundas fuera del horario habitual del grupo; puedes planificar una reunión informal o invitar espontáneamente a los miembros del grupo a que se junten para comer, realizar actividades divertidas o proyectos en tu casa, iglesia o comunidad.

SESIÓN 1

COMPRENDER LA VISIÓN DE DIOS

VERDAD

La vida en comunidad es un marcador distintivo del cristianismo del Nuevo Testamento.

ESTUDIO GRUPAL

COMENCEMOS

Bienvenidos a la sesión 1 de Juntos en armonía*:* Comprender la visión de Dios.

Antes de adentrarse en el estudio grupal, preséntense y compartan una razón por la que decidieron unirse a este estudio sobre la unidad en la iglesia.

Cada semana de nuestro estudio comprenderemos la visión de Dios para nuestra vida juntos como iglesia a través del ejemplo de la iglesia primitiva en Hechos 2. Jesús había prometido que el Espíritu Santo vendría, pero antes de que eso sucediera, estos creyentes eran un grupo bastante disfuncional. Tenían problemas de confianza. Sufrían de ansiedad y miedo. En realidad, no sabían cómo vivir juntos. Entonces, el Espíritu Santo vino como Jesús prometió, y todo cambió. Pedro predicó el evangelio con mucha valentía a personas de todo el mundo que habían ido a Jerusalén para celebrar la Pascua. El Espíritu comenzó a actuar en, a través y en medio de todos ellos.

LEE HECHOS 2:41-47. ¿Qué notas en la experiencia y el ejemplo de la primera iglesia que te gustaría ver en la vida de la iglesia actual?

¿Hay algo de su experiencia y ejemplo que, si ocurriera en tu iglesia local, te incomodaría un poco? ¿Por qué?

La vida en comunidad es un marcador distintivo del cristianismo del Nuevo Testamento.

Lógicamente, vivimos en una época y cultura distintas a las que leemos en Hechos 2. Estamos *juntos* en circunstancias diferentes. No obstante, la visión de Dios para Su iglesia hoy es la misma que para la iglesia primitiva en sus comienzos. Como entonces, el Espíritu Santo actúa ahora en nosotros, a través de nosotros y en medio nuestro. La pregunta es: ¿estaremos abiertos a Él mientras realiza esa obra?

Como preparación para la enseñanza en video, oren juntos y pídanle a Dios que ayude a cada persona a entender y aplicar esta verdad.

VEAMOS EL VIDEO

Utiliza estos enunciados para seguir la enseñanza del video de la sesión 1, y aprovecha el espacio en blanco para tomar notas adicionales.

Hay cuatro pilares bien definidos, que son la visión que Dios propuso para la iglesia: la enseñanza, la comunión, el perdón y la oración.

HECHOS 2:42

Solo se logra una unidad auténtica si expresas quién eres en realidad.

Cada uno de estos cuatro fundamentos exige gran valentía.

Para acceder a las sesiones de enseñanza en video, sigue las instrucciones en la parte posterior de tu libro de estudio bíblico.

ESTUDIO GRUPAL

DIALOGUEMOS

Utiliza estas preguntas e indicaciones para dialogar sobre la enseñanza del video.

¿Qué te llamó la atención de la enseñanza de Ben?

¿Cuál ha sido tu actitud o perspectiva sobre el futuro de la iglesia local últimamente? ¿Qué esperanzas tienes para el futuro de la iglesia local?

¿Dirías que te estás relacionando con los demás en la iglesia según la visión de Dios para esas relaciones? ¿Por qué?

Es importante identificar las verdades secundarias que la iglesia local ha aceptado en lugar de la verdad principal que Dios desea. Esas verdades secundarias no tienen por qué definir el futuro de nuestras comunidades de fe. La visión de Dios para la iglesia de hoy es la misma que para la primera iglesia que entró en escena después de que Jesús murió, resucitó, ascendió al cielo y envió a Su Espíritu a morar en todos los que creen en Él. Esa visión se materializa a través de nuestra devoción a los cuatro pilares que Él puso ante nosotros en el ejemplo de la iglesia primitiva en Hechos 2:42: la enseñanza, la comunión, el partimiento del pan (el perdón) y la oración.

¿Cuál de los cuatro pilares de la iglesia es el que más te atrae: enseñanza, comunión, perdón y oración? ¿Por qué?

¿Con cuál tienes más dificultades? ¿Por qué?

La primera iglesia podría haberse dedicado a muchas cosas buenas. Al crecer inmensamente de la noche a la mañana, sus necesidades eran sin dudas numerosas. ¿Qué cantos de adoración entonarían ahora que sabían que la salvación había llegado en Jesucristo? ¿Quién lideraría el ministerio infantil? Por supuesto, muchas de esas tareas habrían sido más fáciles. No obstante, dar prioridad a esas ocupaciones por encima de la devoción a la enseñanza, la comunión, el perdón y la oración habría descuidado lo *principal*.

¿Por qué la devoción a la enseñanza bíblica es fundamental para la salud de la iglesia? ¿Y la comunión? ¿El perdón? ¿La oración?

Ben afirmó: «Solo se logra una auténtica comunidad si expresas quién eres en realidad». ¿De qué manera nuestra disposición a ser auténticos con los demás en la iglesia influye en la eficacia de los cuatro pilares?

La historia de Ben sobre pastorear iglesias y luego darse cuenta de que poquísimas personas, si es que alguna, realmente lo conocían, ilustra la falta de autenticidad que muchos de nosotros experimentamos y aceptamos en el contexto de la iglesia local. Es más fácil hacer actividades de iglesia que *ser* la iglesia, pues en las relaciones se exponen nuestras vulnerabilidades. Sin embargo, la visión de Dios es que cada uno de nosotros expresemos quiénes somos en realidad cada vez que nos reunimos.

Al congregarnos en nuestra comunidad de fe, ¿por qué crees que a menudo nos cuesta ser sinceros sobre nuestras carencias, ya sea que necesitemos sabiduría, apoyo, provisión o ayuda para enfrentar la tentación o vencer el pecado?

Ben indicó que se necesita mucho valor para ver más allá del miedo y la incomodidad y entonces caminar a la luz de la visión de Dios para la iglesia. En cuanto a los cuatro pilares expresados como nuestro modelo en Hechos 2:42, ¿para cuál de ellos necesitas valor?

Menciona algunos pasos que podemos dar a fin de ayudar a la comunidad local de creyentes a comprender la visión de Dios para la iglesia y caminar en ella.

CONCLUYE EN ORACIÓN

CONTEXTO PERSONAL

Donde estoy

Cada persona que asiste a la iglesia tiene su propia historia, sus circunstancias presentes y sus expectativas futuras que influyen en su forma de entender la iglesia y su papel en ella. Identificar esos factores permite que Dios les hable, los afirme y los corrija según Su Palabra. En *Juntos en armonía: La comunidad que marcó la iglesia de Hechos 2*, el estudio personal de cada semana te dará la oportunidad de identificar cómo estos factores actúan sobre tu perspectiva.

Analiza y completa los siguientes enunciados a la luz de la pregunta: «¿Cuál es la visión de Dios para la iglesia?».

La visión que heredé:

Cómo ha cambiado mi visión con el tiempo:

Factores que han moldeado mi visión:

Razones por las que a veces me he desanimado:

Preguntas que tengo:

Examíname, oh Dios, y conoce mi corazón;
Pruébame y conoce mis pensamientos;
Y ve si hay en mí camino de perversidad,
Y guíame en el camino eterno.
SALMO 139:23-24

ESTUDIO PERSONAL 1

Lo que la Escritura enseña

Para que todos sean uno; como tú, oh Padre, en mí, y yo en ti, que también ellos sean uno en nosotros; para que el mundo crea que tú me enviaste.

JUAN 17:21

Aunque nuestras historias personales en ocasiones pueden nublar nuestra perspectiva de la iglesia local, la visión de Dios permanece nítida como el cristal. Jesús oró que todos los creyentes estuvieran unidos, como uno, en Él. Su visión es que nuestra unidad sea palpable en cada generación y cultura, como estrellas que brillan intensamente en la noche más oscura.

¿En qué grupos o lugares relativos a tu vida has notado un fuerte sentido de comunidad?

¿Cómo se desarrolló esa unidad?

¿En qué medida la visión de unidad que Dios tiene para la iglesia es diferente a la que encontramos en nuestro vecindario, lugar de trabajo u organizaciones cívicas?

La unidad que se experimenta en la iglesia es única. ¡No está fundada en una ideología política ni en una carrera ni en un equipo de fútbol preferido ni en un gusto por la comida mexicana o los encurtidos! No depende de que estemos de acuerdo en todos los asuntos. Nadie es excluido por su pasado, personalidad, cultura o raza. Ese increíble lazo de unidad será la realidad eterna para todos los que confían en Jesucristo. La incontable multitud de creyentes «... de todas naciones y tribus y pueblos y lenguas...» se presentará junta «... delante del trono y en la presencia del Cordero...» alabándole a Él en perfecta unidad (Apocalipsis 7:9-10).

Si la unidad entre los creyentes es una realidad postrera y eterna, ¿por qué Jesús estaba tan preocupado como para orar por este asunto en Juan 17?

La unión en Cristo es un resultado eterno inevitable. No obstante, no tiene garantía aquí en la tierra.

Nuestra naturaleza humana está en conflicto con la vida en el Espíritu. Vivimos en un mundo lleno de soledad, aislamiento, ansiedad e individualismo. Aun los más fieles creyentes luchan por reflejar las realidades divinas en sus relaciones aquí en la tierra. Esto es tan cierto hoy como lo era cuando Jesús oró por la unidad en Juan 17.

Entonces, ¿de qué manera pecadores en un mundo bajo maldición pueden llevar a cabo la visión de Dios para Su iglesia? No existe la iglesia perfecta. Sin embargo, Dios equipó y capacitó a la primera iglesia, en parte, para ofrecer un modelo de trabajo a fin de que el resto de nosotros lo siguiéramos. Su ejemplo es el diseño de Dios para nuestras iglesias.

LEE HECHOS 2:36-47.

Y perseveraban en la doctrina de los apóstoles, en la comunión unos con otros, en el partimiento del pan y en las oraciones.

HECHOS 2:42

La primera iglesia que se reunió tras la muerte, la resurrección y la ascensión de Jesús es una representación de la visión de Dios para todas las iglesias locales en cada generación. Ellos no eran perfectos, eran personas con deficiencias como nosotros. No obstante, cuando se volvieron a Jesús en fe y el Espíritu comenzó a obrar en ellos y entre ellos, todo cambió. Estas personas imperfectas, quienes en su mayoría antes habían abandonado o rechazado a Jesús por completo, experimentaron una transformación radical de unidad y compromiso.

En el estudio de mañana, analizaremos con más detalle las aplicaciones prácticas de su nueva unidad y compromiso. Sin embargo, veamos hoy a grandes rasgos el modelo de la iglesia primitiva.

LEE los siguientes pasajes y describe el nivel de compromiso y unidad entre los seguidores de Jesús antes de Hechos 2.

Juan 6:60-66

Marcos 14:32-40

Marcos 14:50-52

Marcos 9:33-34

AHORA VUELVE A LEER HECHOS 2:36-47. Describe el compromiso y la unidad de los seguidores de Jesús en la primera iglesia. ¿Qué era distinto ahora?

Según el modelo de iglesia de Hechos 2, ¿qué es posible para tu iglesia local?

Cuando el Espíritu Santo vino a habitar en los miembros de la primera iglesia, Su siguiente paso fue reformular su entendimiento de unidad, familia y compromiso. Su experiencia es nuestro ejemplo, preservada en la Palabra de Dios para cambiar nuestras expectativas 2000 años después.

Vivimos en la cultura de lo fácil, donde invertir tiempo y dedicación se percibe como algo que confina y limita nuestras opciones. Este enfoque de la vida se ha introducido en la iglesia. Sin embargo, la realidad es que comprometernos con la iglesia es la única forma de poder experimentar todos los beneficios de ella.

¿Cuál es tu responsabilidad en llevar adelante la visión de Dios para la iglesia?

Aprendemos en Hechos 2 que las personas no podían separarse. La devoción entre los creyentes hacia Dios y entre ellos era tan convincente que los de afuera abrazaban la fe y se unían a su grupo cada día. Al hacerlo, esos nuevos creyentes se sumaban al pueblo de Dios y mostraban la bella, aunque imperfecta, expresión de la visión de Dios para Su iglesia.

Esta no era una realidad que Dios quería que ocurriera una sola vez en la historia. Él desea que Su iglesia la experimente a cada momento. Él ansía que tú la disfrutes ahora.

Encontraremos la máxima expresión del poder del Espíritu Santo cuando estemos más alineados al diseño de Dios. De ese modo, experimentaremos una comunión como ninguna otra.

ESTUDIO PERSONAL 2

Lo que la Escritura enseña

Y sobrevino temor a toda persona; y muchas maravillas y señales eran hechas por los apóstoles. Todos los que habían creído estaban juntos, y tenían en común todas las cosas.
HECHOS 2:43-44

Si la primera iglesia hubiera tenido un sitio web, la consigna «Juntos en armonía» de seguro habría estado en la portada. La comunidad de fe en sus primeros días serviría como el estándar para cada iglesia local en el futuro.

VUELVE A LEER HECHOS 2:42. ¿Cuál era la base de su unidad?

Cuando se arma un rompecabezas, la tarea es cien veces más fácil si se mira la tapa de la caja. El creador del rompecabezas ha puesto allí una foto de cómo debe lucir. No estamos creando algo a ciegas.

Del mismo modo, Dios no nos ha dejado sin orientación cuando se trata de la iglesia. Todas las iglesias locales lucen y se sienten un poco diferentes porque las personas son únicas, así como sus culturas. No obstante, el diseño de Dios para una iglesia saludable no cambia. Hechos 2:42 nos da la descripción que debemos imitar. La visión de Dios para cada cuerpo de creyentes implica el compromiso de sus miembros a participar juntos de la enseñanza, la comunión, el perdón y la oración. Estos cuatro componentes de una iglesia saludable deben verse en todas las diversas congregaciones esparcidas por todo el mundo. Analicemos con mayor profundidad cada aspecto de la devoción que compartían los miembros de la iglesia primitiva.

Eran una comunidad de aprendizaje

El día que Jesús anunció que Él era el Mesías, fue a la sinagoga, el lugar de aprendizaje público. Allí, abrió el rollo de Isaías y leyó en voz alta las antiguas palabras de Dios (Lucas 4:16-19). Jesús nunca dejó de dar oportunidades de aprendizaje a todos a su alrededor. Desde sermones e historias para las grandes multitudes, hasta tutoriales privados para unos pocos escogidos, Jesús estuvo siempre entregado a la enseñanza; y la iglesia continuó Su ejemplo, pues ellos «perseveraban en la doctrina de los apóstoles» (Hechos 2:42).

¿Qué comunican estos versículos sobre la prioridad de la enseñanza y el aprendizaje de las verdades del evangelio?

1 Pedro 2:2

2 Timoteo 4:2-4

Hebreos 4:12

Salmo 19:7-11

La enseñanza y el aprendizaje deben siempre ocupar un lugar prominente en nuestras iglesias. Cuando nace un bebé en el mundo, lo primero que necesita es alimento. Cuando un nuevo cristiano nace, lo primero que necesita es enseñanza. Al igual que la relación del infante con la leche y la alimentación, ¡esa necesidad nunca termina! Incluso los santos más maduros entre nosotros se entregan al aprendizaje continuo.

La iglesia primitiva era una comunidad que prestaba atención a la enseñanza; y ese es el diseño de Dios para cada iglesia local. A medida que aprendemos de la Palabra de Dios, crecemos espiritualmente como individuos y *juntos*, unificando la iglesia alrededor de Su verdad y por medio de Su amor.

¿Cómo Dios te ha fortalecido últimamente a través de la enseñanza de Su Palabra en tu iglesia local?

Eran una comunidad caritativa y generosa.

El compromiso que los primeros cristianos tenían entre sí es impresionante. De hecho, la aplicación directa de Hechos 2:44-45 en la vida de iglesia hoy parece tan abrumadora que muchos prefieren desecharla en vez de imitarla.

En el idioma original del Nuevo Testamento, la palabra para *comunión* en el versículo 42 significa *relación cercana que implica intereses y cooperación mutuos.*[1] En otras palabras, «comunión» significa más que «a ellos les gustaba estar juntos» o «ellos disfrutaban tomar café». Las relaciones en esta comunidad implicaban sacrificio dispuesto y voluntario (vv. 44-45). Gálatas 6 nos ofrece una perspectiva adicional.

LEE GÁLATAS 6:10. Enumera todas las palabras o las frases aleccionadoras para ti. ¿Cómo te ayuda este versículo a entender el diseño de Dios para la comunión?

¿En qué momento has visto demostrado el compromiso de mostrar afecto y generosidad en la vida de iglesia? ¿Cómo la disposición a compartir las necesidades y también a suplirlas unifica la iglesia?

Eran una comunidad que daba prioridad al perdón.

Así como la entrega de la iglesia primitiva a la comunión era mucho más que pasar el rato en un puesto de comida, también lo era su devoción al «partimiento del pan» (Hechos 2:42). Se reunían en las casas de los demás con regularidad, incluso a diario, para comer «con alegría y sencillez de corazón» (v. 46). Estas comidas solían terminar con un recordatorio de la muerte y la resurrección de Jesús mientras compartían juntos la Cena del Señor. El pan partido y el sorbo de vino simbolizaban el cuerpo destrozado de Jesús y Su sangre derramada por nuestros pecados.

¿De qué manera el «partimiento del pan» en comunión unifica la iglesia?

---

1. William Arndt y otros, *A Greek-English Lexicon of the New Testament and Other Early Christian Literature* [Un léxico griego-inglés del Nuevo Testamento y otra literatura cristiana primitiva] (Chicago: Imprenta de la Universidad de Chicago, 2000), p. 552.

Partir el pan «en las casas» (v. 46) da el sentido de una práctica íntima y familiar, donde el evangelio es el centro de la vida por nuestra relación común con Jesús y con los demás. El acto consciente de confesar nuestro pecado reconoce la necesidad de la gracia que nos sostiene. Los primeros cristianos compartían juntos la Cena del Señor (también llamada Comunión), no por necesidad ritual, sino por un deseo desesperado de sentir el perdón.

LEE SANTIAGO 5:16. Responde a la siguiente idea: Ningún sacrificio que hagas por el Señor es mayor que tu disposición a liberar a los demás de sus ofensas.

La primera iglesia, que es nuestro modelo del diseño de Dios, tomaba la Cena del Señor como un recordatorio significativo y tangible de la gracia que habían recibido de parte de Dios y de la gracia que estaban llamados a mostrarse los unos a los otros. La práctica continua de gracia y perdón solidificó su unidad, y solidificará la nuestra hoy día.

Eran una comunidad de oración.

¿Has experimentado la oración como una fuerza unificadora en tu iglesia local? ¿Por qué la oración tiene ese efecto?

A pesar de la importancia de la amistad entre ellos, los primeros creyentes comprendieron que la salud de su comunidad de fe estaría determinada por la fuerza de su conexión con Dios. Por eso perseveraban en la oración (Hechos 2:42). Cuando se interrumpe la conversación con Dios, no tardan en romperse las relaciones con sentimientos de apatía o incluso de ira hacia otras personas. En cambio, cuanto más fuerte sea tu comunión vertical, más fuerte será tu comunión horizontal.

¿Por qué los miembros de la primera iglesia se dedicaron a estos cuatro pilares? Porque fueron obedientes al llamado de vivir como iglesia. ¿Y tú? ¿Perseverarás en aprender, compartir y mostrar afecto, perdonar y orar en tu cuerpo local de creyentes? Vivir dentro del diseño de Dios no es algo casual, es vivir a la manera de Jesús.

RESPUESTA PERSONAL

Hacia dónde voy

Para que la iglesia sea saludable, cada persona debe responsabilizarse de las cuatro áreas de devoción en que la iglesia primitiva perseveraba en Hechos 2:42. En otras palabras, la fe cristiana, que se vive en la comunidad eclesial, es algo que hay que practicar, hay que trabajar de manera sistemática en ello. Así como un atleta pierde su capacidad si deja de ejercitar, el cristiano que descuida una de estas cuatro áreas clave sufrirá e impedirá que la iglesia funcione plenamente en el diseño de Dios.

Considera cada área de tu compromiso con la iglesia local, y anota los pasos que puedes dar para avanzar como miembro devoto.

Y perseveraban en la doctrina de los apóstoles,

¿Qué estás haciendo para aumentar tu conocimiento de Dios?

¿Qué paso puedes dar esta semana para ampliar tu aprendizaje?

... en la comunión unos con otros,

¿Estás creando espacio en tu vida para que las relaciones se conviertan en amistades auténticas? ¿O apenas sobrellevas una comunión superficial?

¿Cuál es el primer paso que puedes dar para desarrollar tus relaciones espirituales?

... en el partimiento del pan,

¿Qué puedes hacer si necesitas perdonar o pedirle perdón a alguien?

... y en las oraciones.

¿Qué paso puedes dar para edificar tu vida de oración?

Un poco de levadura leuda toda la masa.
GÁLATAS 5:9

SESIÓN 2

RELACIONARSE COMO FAMILIA

VERDAD

No fuimos hechos para caminar solos, y la iglesia local es el lugar donde podemos encontrar las conexiones más íntimas.

ESTUDIO GRUPAL

COMENCEMOS

Bienvenidos a la sesión 2 de Juntos en armonía: Relacionarse como familia. *Antes de adentrarse en el estudio en grupo, dediquen unos minutos a repasar la sesión 1.*

Cada semana, antes de sumergirnos en nuestro nuevo estudio en grupo, dedicaremos algún tiempo a hablar de las ideas que descubrimos a través del estudio personal y la respuesta de la semana anterior. Las preguntas de repaso serán sencillas, diseñadas para ayudarnos a profundizar en lo que la Palabra de Dios nos enseña sobre la unión en la comunidad de fe.

¿Qué aprendiste sobre la visión de Dios con respecto a la unión entre los creyentes en tu estudio de Hechos 2:36-47 y la oración de Jesús en Juan 17:21? ¿Desafió esto tu perspectiva sobre el propósito de la iglesia? ¿En qué sentido?

Menciona algún paso que Dios te está guiando a dar para comprender y expresar mejor Su visión para la iglesia de ahora en adelante.

No fuimos hechos para caminar solos, y la iglesia local es el lugar donde podemos encontrar las conexiones más íntimas.

Al comprender la visión que Dios tiene para la unidad de la iglesia, muchas veces nos desilusionamos por las formas en que las iglesias fallan en ese sentido. En vez de entregarnos al cuerpo a través de la enseñanza, la comunión, el perdón y la oración, nuestra tendencia es criticar a los líderes que consideramos únicos responsables de esta falta de unión. Esto es no ver más allá de lo superficial. Todos los miembros de la iglesia deben asumir su responsabilidad con respecto a estos pilares. Para que se desarrolle la unidad entre nosotros, los creyentes individuales deben empezar a relacionarse como familia, porque eso es lo que somos.

Como preparación para la enseñanza en video, oren juntos y pídanle a Dios que ayude a cada persona a entender y aplicar esta verdad.

VEAMOS EL VIDEO

Utiliza estos enunciados para seguir la enseñanza en video de la sesión 2, y aprovecha el espacio en blanco para tomar notas adicionales.

¿Hay personas a quienes les has permitido conocer tu fragilidad y necesidad, y se han conectado tan profundamente contigo que estarían dispuestas a llevarte en sus brazos hasta Jesús?

MARCOS 2:1-12

Tres aspectos que resaltar en Marcos 2:1-12:

1. La fe de aquellos que llevan a su amigo hasta Jesús.

2. La compasión que Jesús siente por los agraviados.

3. El poder de la vida en comunidad.

La simpatía y la amistad son cosas sumamente distintas. Para que experimentemos comunidad en la iglesia, tenemos que ir más allá del intercambio de cumplidos.

Para acceder a las sesiones de enseñanza en video, sigue las instrucciones en la parte posterior de tu libro de estudio bíblico.

ESTUDIO GRUPAL

DIALOGUEMOS

Utiliza estas preguntas e indicaciones para dialogar sobre la enseñanza del video.

¿Qué te llamó la atención de la enseñanza de Ben?

Ben afirmó que la iglesia «debe ser un lugar donde sientes que las personas te cubren las espaldas», un lugar donde te sientes «seguro y motivado». ¿En qué sentido deberíamos cubrirnos las espaldas unos a otros?

¿Cómo el enfoque de la sesión anterior sobre la autenticidad te ayuda a comprender la confianza y el aliento en la vida de iglesia?

LEE MARCOS 2:1-12. ¿Quién en este pasaje tenía relaciones que representan «cubrirse las espaldas», confianza y aliento? ¿Qué sucedió?

¿Quiénes en el pasaje estaban más centrados en sí mismos que en cubrir las espaldas de los demás? ¿Qué lo demuestra?

Aunque sabían que la multitud y los líderes religiosos que estaban presentes no se relacionaban entre sí de manera confiable ni alentadora, los cuatro amigos no se dejaron intimidar. Tomaron la iniciativa de ir en contra de las normas culturales. Llevaron a su amigo hasta Jesús, a pesar de que no era esa la forma en que la mayoría se relacionaba entre sí.

¿Cuáles son algunas normas en la cultura de la iglesia hoy día que se han convertido en barreras que debemos cruzar si queremos relacionarnos verdaderamente como familia?

Cuando pensamos en la unión en la iglesia, es fácil centrar esos pensamientos en torno a nuestras experiencias con los demás y las percepciones de esas experiencias. Por ejemplo, es posible que juzgues a un grupo pequeño como superficial porque sus miembros nunca comparten sus luchas. No obstante, en la enseñanza en video de esta semana, fuimos desafiados a abordar los problemas de relacionarnos con otros creyentes al examinarnos personalmente.

¿Qué te revelan las acciones de los cuatro amigos sobre su comprensión de lo que es una comunidad y su papel como parte de ella? ¿Y el papel de Jesús en la comunidad?

Ben preguntó: «¿Hay personas a las que les has permitido conocer tu fragilidad y necesidad y se han conectado tan profundamente contigo que estarían dispuestas a llevarte en sus brazos hasta Jesús?». ¿En qué sentido dependen de ti las conexiones saludables en la iglesia local?

Ben observó tres cosas en el pasaje: la fe de los cuatro amigos, la compasión que Jesús siente por los agraviados y el poder de la vida en comunidad.

¿Cuáles son las conexiones entre estas tres cosas: nuestra fe, la compasión de Jesús y el poder de la vida en comunidad, además de nuestra relación con otros creyentes como familia?

CONCLUYE EN ORACIÓN

CONTEXTO PERSONAL

DONDE ESTOY

La visión de Dios para la iglesia comienza a materializarse en y entre individuos que se unen a otros en la unidad del evangelio que es la fe en Jesucristo. Todos los cristianos somos familia, y un día nos relacionaremos perfectamente como tal. Sin embargo, aquí en la tierra, esa relación familiar se encarna dentro de las iglesias locales llenas de personas imperfectas que vienen de hogares imperfectos. Esas imperfecciones afectan nuestra comprensión y expectativas de cómo debe ser la familia. Para avanzar hacia una concepción bíblica de la iglesia como la familia de Dios, tenemos que considerar nuestros propios puntos de vista sobre la familia.

Analiza y completa los siguientes enunciados a la luz de la pregunta: «¿Qué se siente ser parte de la familia de Dios?».

La visión que heredé:

Cómo ha cambiado mi visión con el tiempo:

Factores que han moldeado mi visión:

Razones por las que a veces me he desanimado:

Preguntas que tengo:

Examíname, oh Dios, y conoce mi corazón;
Pruébame y conoce mis pensamientos;
Y ve si hay en mí camino de perversidad,
Y guíame en el camino eterno.
SALMO 139:23-24

ESTUDIO PERSONAL 1

Lo que la Escritura enseña

Cuando eras estudiante, ¿te gustaban los proyectos en grupo, o los detestabas? ¿Eras de los que se alegraban de socializar y recibir ayuda, o de quienes preferían hacer las cosas por su cuenta y evitar a los compañeros de clase que podían arruinar tu promedio de calificaciones? Los profesores comprenden la tensión que este segundo tipo de estudiante siente, pero también saben que hay un propósito más profundo en el trabajo en equipo que, en última instancia, es más importante que la nota que un alumno obtenga al final: todos necesitamos aprender a vivir y trabajar en comunidad. Así es como está diseñada la vida.

¿Cómo se aplica el trabajo en equipo a la vida espiritual? ¿Qué tensión o sacrificio conlleva unirse a otros creyentes de manera continua y significativa?

Observa lo que cada uno de los siguientes versículos enseña sobre quiénes somos en Cristo.

Juan 1:12

Romanos 12:5

Efesios 2:19

Todos preferimos nuestras zonas de confort, pero la Biblia declara que Dios diseñó a los seres humanos como criaturas relacionales. Aunque a veces la gente puede ser decepcionante, frustrante e irritante, vale la pena luchar por la comunión. La Biblia lo deja claro: en Cristo, estamos unidos. Somos *familia*.

Estamos destinados a experimentar esa relación como una realidad continua y cada vez más profunda. Si bien es agradable ver una cálida sonrisa al entrar por la puerta de la iglesia, dentro de cada alma humana hay un anhelo por mucho más. Toda persona, por introvertida que sea, ansía una conexión más profunda con los demás que implique inversión, sacrificio y amor.

Y perseveraban [...] en la comunión.
HECHOS 2:42

Compara tus relaciones dentro de tu iglesia local con el ejemplo de la iglesia primitiva. ¿De qué manera perseveras tú en la comunión dentro de la familia eclesial?

El compromiso que tenían entre sí los miembros de la iglesia primitiva manifiesta la importancia de las relaciones sinceras y afectuosas con los demás creyentes. Nos desafía a considerar la profunda seguridad que sentimos al permitir que otros cuiden de nosotros como si fuéramos familia.

Sin embargo, relacionarnos como familia no es algo que sucede de manera espontánea, y los miembros de la iglesia primitiva no inventaron esa práctica. De hecho, si se hubieran dejado llevar por su propia naturaleza, nunca lo habrían logrado. Es Jesús quien nos hace familia.

LEE MARCOS 2:1-12.

En este pasaje, Marcos nos indica que Jesús miró en tres direcciones y vio tres cosas totalmente distintas: la exclusividad de la multitud, la irritación de los maestros religiosos y la fidelidad de los amigos. Abordaremos los aspectos positivos en el próximo estudio personal, pero hoy, centrémonos en la inclinación natural de la multitud y de los líderes religiosos que se habían reunido.

E inmediatamente se juntaron muchos, de manera que ya no cabían ni aun a la puerta; y les predicaba la palabra [...]. Y como no podían acercarse a él a causa de la multitud...
MARCOS 2:2, 4a

Subraya la parte del relato de Marcos 2:2 y 4a que podría indicar que la multitud sentía devoción por Jesús y unos por otros. Encierra en un círculo la parte de la historia que indica que la gran multitud no representaba la verdadera devoción hacia Jesús y hacia los demás.

¿Por qué crees que la muchedumbre no abrió paso para que el paralítico y sus amigos llegaran hasta Jesús?

¿Por qué las grandes multitudes en la iglesia no son necesariamente un indicador de la salud espiritual de esta?

La asistencia a la iglesia es importante. El crecimiento numérico es un efecto bien real y significativo de la unidad de corazón y propósito que compartía la iglesia primitiva (Hechos 2:47). Sin embargo, no debemos suponer que la multitud equivale a compromiso con Jesús y con los demás. En Marcos 2, no había sitio ni aún a la puerta y, aunque llegó un hombre necesitado, nadie le *abrió paso*. Los habitantes de Capernaum reunidos en torno a Jesús eran una multitud, no una familia.

¿Has estado alguna vez en una iglesia donde sentías que no lograbas «conectarte» con la gente? ¿Cuáles son algunas de las formas en que esta mentalidad de la multitud se evidencia en la vida de iglesia hoy en día?

Ahora, piensa en los religiosos de la época de Jesús. ¿Qué les pareció el encuentro de este hombre con Jesús (vv. 6-8)?

Y conociendo luego Jesús en su espíritu que cavilaban de esta manera dentro de sí mismos, les dijo: ¿Por qué caviláis así en vuestros corazones?
MARCOS 2:8

Aunque la mentalidad de la multitud afuera obligó a los hombres a ser creativos para llevar a su amigo ante Jesús, dentro de la casa había una camarilla que el Señor no dejó escapar. Los líderes religiosos estaban más interesados en las reglas y las tradiciones sobre las que habían fundado sus impactantes vidas que en relacionarse con Jesús y con los demás. Y eso les impedía experimentar la gracia de la verdadera unión.

Jesús ve nuestros complejos y nuestros prejuicios, y quiere que nosotros también los veamos. Nuestra falta de unión en la familia de Dios rara vez se debe a la falta de espacio físico o a las enseñanzas blasfemas. La verdadera barrera es nuestra falta de disposición a considerar humildemente a los demás como superiores a nosotros mismos (Filipenses 2:3-4).

Así como la multitud que obstruía la puerta, podemos estar tan concentrados en lo que pretendemos que ignoramos las necesidades de los demás. O, como los líderes religiosos, podemos estar tan encerrados en lo que nos es familiar que juzgamos a los demás con cinismo. Ambas actitudes surgen del miedo a que, si dejamos entrar a la gente, perderemos nuestro lugar, posición o preferencias. Necesitamos hacer espacio en nuestro corazón, porque la mentalidad de la multitud y de la camarilla religiosa impiden que la gente vea y conozca a Jesús.

¿Puedes identificarte con la mentalidad de la multitud que estaba presente en Marcos 2:1-12? ¿Con la mentalidad exclusivista de los escribas? ¿En qué sentido?

Jesús conoce todas las causas por las que tenemos luchas en nuestras relaciones. Aun así, Su visión para cada uno de nosotros como parte de Su iglesia es el compromiso por la familia.

ESTUDIO PERSONAL 2

Lo que la Escritura enseña

VUELVE A LEER MARCOS 2:1-12

En nuestro previo estudio individual analizamos dos de los tres grupos de personas que Jesús vio aglomerados en la casa donde muchos se habían reunido para oírlo enseñar: la multitud egocéntrica y los escribas de corazón duro. Ambos grupos nos ayudan a reconocer disfunciones que existen en muchas iglesias hoy en día. Cuando estamos enfocados en nosotros mismos, nos volvemos lentos a la hora de llevar a la gente a Jesús y a hacer discípulos. Cuando nuestro corazón se cierra a Dios y a Su pueblo, nos volvemos apáticos a las necesidades espirituales de los demás y nos perdemos las realidades del evangelio que Dios quiere que veamos.

¿En qué se diferenciaba la mentalidad de los cuatro que cargaron al paralítico de la de los escribas y la multitud?

¿Qué obstáculos podrían haberles impedido llevar a su amigo hasta Jesús?

No sabemos nada del trasfondo de la historia. No sabemos cómo estos cuatro hombres llegaron a conocer al paralítico ni qué relación tenían con él. Sí sabemos que tenían fe, y que juntos, estaban unidos en el propósito de llevar a este amigo necesitado a Jesús. No fue fácil; hubo muchos obstáculos en el camino. Sin embargo, fueron persistentes porque creyeron que valía la pena el esfuerzo.

¿Cómo respondió Jesús a los hombres que le llevaron al paralítico? ¿Por qué?

Observa a continuación las formas en que los cinco hombres se relacionaron con Jesús, entre sí y con todos los demás que se habían reunido como familia. En cada caso, escribe una manera en que puedes demostrar esa misma cualidad en las relaciones dentro de tu iglesia local.

Permanecer unidos

Unidad de propósito

Querer lo mejor para los demás

Servirse mutuamente

Vulnerabilidad

Persistencia

Valentía para hacer lo correcto

Interdependencia

Amor

Sacrificio

Ahora, identifica un obstáculo que podría impedirte relacionarte con los demás como familia de esas maneras.

Es un misterio cómo obra la fe. No se nos da una fórmula o un diagrama, pero la Biblia es bien clara en que pocas cosas conmueven el corazón de Jesús como la fe de un niño. Es importante que tengamos fe por nosotros mismos, que cada uno de nosotros crea que «... el que comenzó en vosotros la buena obra, la perfeccionará hasta el día de Jesucristo» (Filipenses 1:6). Este es el combustible para levantarnos cada mañana, incluso cuando la vida nos parece difícil, triste e imposible de sobrellevar. La fe nos hace avanzar con la mirada puesta en Dios, quien camina con nosotros en medio de las dificultades.

Sin embargo, observa que este pasaje no es sobre la fe del paralítico. Cuando Jesús miró hacia arriba, vio algo extraordinario: cuatro seres humanos que creían que Jesús podía hacer milagros. La Biblia declara que, debido a «la fe de ellos», el hombre experimentó una transformación total en su alma y cuerpo. No solo tomó su lecho, sino que también dejó atrás su vergüenza y su culpa (vv. 5, 11-12).

¿Cuándo la fe de otra persona te ha ayudado a experimentar el poder de Jesús en una circunstancia en la que eras incapaz de permanecer en fe por ti mismo?

Juntos, podemos anticipar un milagro. Juntos, esperamos ver lo que Jesús hará. Juntos, confiamos en que Dios verá y recompensará nuestros sacrificios.

Los versículos 9-12 hace notar tres veces sobre la orden que Jesús le da al hombre de que tomara su lecho. Sin embargo, el hombre había sido sanado y ya no necesitaba su lecho. ¿Por qué Jesús le pidió que lo tomara?

Este hombre no podía negar sus propias limitaciones. No había lugar para la autosuficiencia o el exceso de confianza. Durante todo su tiempo como paralítico, había tenido que depender de los demás para todo, y quienes lo conocían, sabían su historia. Entonces, a partir de ese momento, su vida sería un testimonio viviente. Su lecho le serviría de lección: la fe de sus amigos (que actuaron como familia) lo había llevado a un futuro mejor en Cristo, y esa historia nos muestra el designio de Dios para Su iglesia.

Es difícil ocultar las limitaciones y las realidades desagradables a la familia. Suelen ser los primeros en conocerlas, incluso antes que nosotros mismos. ¿Qué nos aporta este tipo de relación auténtica en el cuerpo de Cristo?

Todos los que habían creído estaban juntos, y tenían en común todas las cosas.
HECHOS 2:44

Hechos 2:42 nos enseña que la iglesia primitiva perseveraba en la comunión. El versículo 44 se asegura de que no subestimemos esa realidad. Como es evidente, este compromiso con la vida en comunidad era más que un deseo de cenas en grupo y grandes fiestas. Aquellos primeros cristianos se sentían frágiles, temerosos y estaban llenos de dudas razonables. Sabían que su día de angustia se acercaba, que la decepción en esta tierra era inevitable, pero que mientras tuvieran relaciones sólidas dentro de la familia de Dios, podrían seguir adelante y sostenerse mutuamente.

Creer juntos en Dios nos capacita para perseverar en los momentos más difíciles de la vida.

RESPUESTA PERSONAL

Hacia dónde voy

Nuestra unión en la iglesia local comienza con la comprensión de que Dios nos hace familia. Al igual que la primera iglesia de la que leemos en Hechos 2:42, cada creyente en Cristo hoy está llamado a una relación devota con Jesús y también con cada persona que ha puesto su fe en Él. Cuando somos salvos por Jesús, somos salvos en la familia de Jesús.

Vuelve a analizar tus respuestas de «Dónde estoy» en las páginas 34-35. Ahora, considera hacia dónde Dios te está guiando según tu estudio de Marcos 2:1-12 de esta semana.

Entonces vinieron a él unos trayendo un paralítico, que era cargado por cuatro.
MARCOS 2:3

¿Hay alguna situación en la que te sientes (o te has sentido) derrotado y sin esperanza? ¿Tienes personas en tu vida cuya fe puede sostenerte? Si es así, ¿quiénes son? Si no, ¿quiénes son algunas de las personas con las que puedes comenzar ese tipo de relación?

¿Hay alguna situación en la que otra persona necesita que la sostengas por fe? ¿Cómo puedes hacerlo?

¿Por qué caviláis así en vuestros corazones?
MARCOS 2:8b

¿Qué situación o relación te tiene con un espíritu cínico hacia otras personas o hacia Dios, como los escribas en la época de Jesús?

¿Qué deberías hacer para combatir tu cinismo?

Entonces él se levantó en seguida, y tomando su lecho, salió delante de todos.

MARCOS 2:12a

Escribe tu testimonio de la obra de Jesús en tu vida, pasada y presente.

¿Tienes algunos amigos valiosos en tu iglesia local que conozcan tu testimonio continuo de fe en Cristo? ¿De qué forma abrir tu corazón de esa manera contribuye a un sentido de familia entre los creyentes?

Un poco de levadura leuda toda la masa.

GÁLATAS 5:9

SESIÓN 3

SER CONOCIDOS Y AMADOS

VERDAD

Cuando caminamos juntos con sencillez y sin necesidad de aparentar ser perfectos, somos más fuertes.

ESTUDIO GRUPAL

COMENCEMOS

Bienvenidos a la sesión 3 de Juntos en armonía: Ser conocidos y amados. *Antes de adentrarse en el estudio en grupo, dediquen unos minutos a repasar la sesión 2.*

Como hicimos la semana pasada, queremos dedicar algún tiempo a hablar de las ideas que descubrimos a través del estudio personal y la respuesta de la semana anterior. Es importante que cada uno de nosotros identifique cómo vamos a aplicar las verdades bíblicas que estamos aprendiendo en nuestras relaciones dentro del cuerpo de Cristo.

¿Qué aprendiste en tu estudio de Hechos 2:42 y Marcos 2:1-12 sobre relacionarte como familia con otros creyentes?

Menciona un paso que Dios te está guiando a dar para poder relacionarte con otros creyentes de manera más genuina y como familia de ahora en adelante.

Cuando caminamos juntos con sencillez y sin necesidad de aparentar ser perfectos, somos más fuertes.

Una de las bendiciones más grandes de la familia es tener personas en tu vida que te conocen plenamente y te aman tal y como eres. Lo mismo ocurre con la familia de Dios. No eres *familia* de otros en tu iglesia local solo de nombre. Dios te conoce por completo y te ama enteramente, y esa realidad individual y vertical debe compartirse de manera horizontal en la comunidad de fe.

¿Qué te parece el título de la sesión de esta semana: «Ser conocidos y amados», en cuanto a las relaciones en la iglesia local? (p. ej.: me resulta una experiencia personal imposible, incómoda, etc.).

Como preparación para la enseñanza en video, oren juntos y pídanle a Dios que ayude a cada persona a entender y aplicar esta verdad.

VEAMOS EL VIDEO

Utiliza estos enunciados para seguir la enseñanza en video de la sesión 3, y aprovecha el espacio en blanco para tomar notas adicionales.

Ser sencillo significa no tratar de impresionar.

HECHOS 2:46

El apóstol Pablo no trataba de impresionar. Por el contrario, lo que notamos es su debilidad.

1 CORINTIOS 2:1

Pablo era mejor hermano en Cristo porque había pasado por el dolor.

2 CORINTIOS 12:7-10

Lo que realmente une a las personas en comunidad es que muestren su debilidad abiertamente.

SANTIAGO 5:16

Para acceder a las sesiones de enseñanza en video, sigue las instrucciones en la parte posterior de tu libro de estudio bíblico.

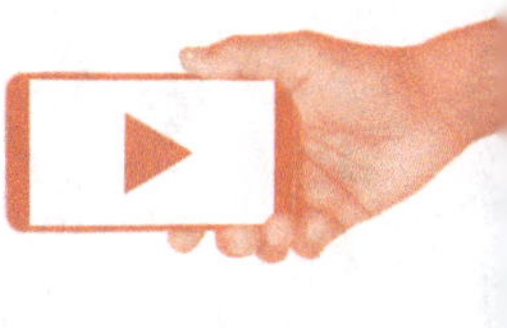

ESTUDIO GRUPAL

DIALOGUEMOS

Utiliza estas preguntas e indicaciones para dialogar sobre la enseñanza del video.

¿Qué te llamó la atención de la enseñanza de Ben?

LEE HECHOS 2:46-47. ¿Cómo se relacionaban los hermanos en la iglesia primitiva? ¿Cómo influyó en la comunidad la sencillez y la alegría que cada uno aportaba?

Ben definió la sencillez de corazón que había en la iglesia primitiva como la decisión de «no tratar de impresionar». Pensemos en eso con más detenimiento de lo que lo haríamos si tan solo leemos rápidamente estos versículos. Más allá de todo lo que *hacemos* en el mundo (éxitos profesionales, logros de los hijos, etc.), hay muchas maneras en que tratamos de impresionar a los demás: al ocultar nuestras luchas, al evitar comprometernos con los demás en sus batallas, al nunca expresar nuestras preocupaciones, solo por mencionar algunas.

Menciona un contexto relacional en el que te resulta difícil ser sincero (p. ej., en el trabajo, en conversaciones con tu pastor u otro líder respetado de la iglesia, en un grupo pequeño como este). ¿Por qué mantienes distantes a las personas en ese tipo de contexto social?

¿Puede alguno de nosotros ser conocido y amado en la iglesia local sin practicar la sinceridad? ¿Por qué?

¿Quién es para ti una persona sincera en tu comunidad de fe? ¿Dirías que la sencillez de corazón es algo que encuentras fácilmente en las relaciones dentro de la iglesia?

Sin dudas, los creyentes de la iglesia primitiva tenían las mismas razones que nosotros para no dejar que los demás conocieran quienes somos en realidad. Incluso el apóstol Pablo se sintió tentado a tener un concepto de sí mismo más alto del que debía y a proyectar esa imagen delante de los demás.

LEE 2 CORINTIOS 12:7-10. ¿Cuál era el propósito de la lucha que Dios permitió que Pablo experimentara?

¿Cuál era el propósito de Pablo al compartir su debilidad con otros cristianos?

La verdad resaltada al principio de esta sesión afirma: «Cuando caminamos juntos con sencillez y sin necesidad de aparentar ser perfectos, somos más fuertes». Esa fortaleza se experimenta tanto individual como comunitariamente. Dios permitió que Pablo sufriera debilidad para entonces darle fuerza. Pablo reconoció su debilidad para así experimentar la fuerza de Cristo. La comunidad de fe de entonces y de ahora ha encontrado en la debilidad de este siervo fiel un estímulo para sentir la fortaleza de Cristo en sus propias debilidades. Somos más capaces de conocernos y amarnos unos a otros cuando somos auténticos, y no tratamos de impresionar a nadie.

LEE SANTIAGO 5:16. ¿Cuál es el resultado de compartir nuestros pecados y debilidades con los demás en la iglesia? ¿Por qué no debería avergonzarnos hablar de nuestras debilidades con los creyentes en Cristo?

Ben preguntó: «¿Tendrías la valentía de comenzar a compartir con los demás aquello por lo que necesitas urgentemente que oren?». ¿Tendrías el valor de hacerlo ahora?

CONCLUYE EN ORACIÓN

CONTEXTO PERSONAL

Donde estoy

Nuestra vida compartida en Cristo nos convierte en una familia. Nadie nos conoce mejor que las personas que nos ven en las buenas y en las malas, y aun así nos consideran suyos. En esta familia, descubrimos lo que significa ser plenamente conocidos y amados en verdad. En el estudio de esta semana veremos cómo la experiencia de ser vistos, conocidos y amados debe traducirse en vida en la iglesia local.

Analiza y completa los siguientes enunciados a la luz de esta pregunta: «¿Puedo ser conocido y amado en la iglesia?».

La visión que heredé:

Cómo ha cambiado mi visión con el tiempo:

Factores que han moldeado mi visión:

Razones por las que a veces me he desanimado:

Preguntas que tengo:

Examíname, oh Dios, y conoce mi corazón;
Pruébame y conoce mis pensamientos;
Y ve si hay en mí camino de perversidad,
Y guíame en el camino eterno.
SALMO 139:23-24

ESTUDIO PERSONAL 1

Lo que la Escritura enseña

Menciona tres cualidades «imprescindibles» que te gustaría que tuviera el médico a quien vas a consultar por una enfermedad potencialmente grave.

Menciona tres cualidades que desearías ver en el pastor de la iglesia a la que asistes.

Menciona tres cualidades que desearías en un amigo mientras atraviesas una circunstancia difícil.

Las respuestas que des pueden no ser exactamente las mismas en cada caso, pero probablemente coincidan en aspectos importantes. Un médico que no sea directo y honesto no vale ni el más mínimo pago. Un pastor que nunca reconoce sus propias luchas hace que superar las tuyas parezca imposible. Un «amigo» que no te escucha con empatía y de todo corazón te hace pensar que es mejor manejar las batallas por tu cuenta.

El lenguaje moderno nos ha dado muchas palabras y frases para describir la sinceridad: auténtico, genuino, verdadero, lo más real, legítimo, cien por ciento. ¿No es eso lo que todos queremos? Personas con las que podamos ser sinceros y que lo sean con nosotros. No siempre sabes cuándo estás en ese tipo de relación, pero la Escritura lo presenta como el modelo para la iglesia.

Y perseverando unánimes cada día en el templo, y partiendo el pan en las casas, comían juntos con alegría y sencillez de corazón.

HECHOS 2:46

LEE HECHOS 2:37-47, presta especial atención al versículo 38. ¿Qué confianza tenían estos miembros de la primera iglesia para relacionarse entre sí con absoluta sencillez?

Incluso en la iglesia local, muchos creemos que nuestras relaciones con otros dependen de que mantengamos ocultos nuestros peores defectos. Queremos ser plenamente conocidos y amados en verdad, pero creemos que relacionarnos así es demasiado personal, nos hace sumamente vulnerables y es arriesgado en extremo. Si los demás nos conocieran en realidad, nos sentiríamos expuestos e incómodos, y con razón: nuestra reputación bien cuidada se estrellaría de manera estrepitosa contra el suelo en el centro de la habitación donde el pueblo de Dios está reunido, solo tratando de pasar un buen rato. Imaginamos que le pedirían cortésmente a nuestro verdadero yo que se retire del lugar.

Así que debemos deshacernos del prejuicio que nos ha hecho andar con tanta cautela y empezar de nuevo. Permitir que nuestra relación con Dios sea el fundamento de nuestras relaciones con los demás. Al fin y al cabo, así es como los primeros creyentes empezaron a relacionarse entre sí, con corazones sencillos: comprendieron que todos eran responsables de la muerte de Cristo y que habían sido perdonados por Él (Hechos 2:37-38).

LEE 1 CORINTIOS 13:8-13. ¿Qué realidades aparentemente contrarias describe el versículo 8 sobre la relación con el Señor?

Nuestra falta de conocimiento pleno del amor de Dios por nosotros de este lado del cielo, no hace que ese amor sea menos real.

El amor nunca deja de ser. La revelación continua (profecía) terminará algún día, pero el amor siempre permanecerá. Dios no se hace ilusiones sobre quién eres. Él conoce tus dudas, batallas, angustias y preguntas, y Él te ama. Esta no es una verdad que se recibe una sola vez en el momento de la salvación y que luego se pierde poco a poco con cada acción sin santidad a medida que pasa el tiempo. El amor por ti nunca termina. Y porque Él te ama así, les da a esas difíciles realidades terrenales un propósito bueno y santo.

LEE 2 CORINTIOS 12:7-10. ¿Cómo se relacionaba Pablo con el Señor en sencillez? ¿Por qué Dios no quitó el aguijón que tenía en su carne?

No una vez, ni dos veces, sino ¡tres veces Pablo le rogó a Dios que quitara aquel aguijón! Sin embargo, no tuvo que esperar mucho por una respuesta. El Señor respondió pronto su oración. Dios declaró: «No», a quitar el aguijón de inmediato, en cambio afirmó que el dolor era provechoso. El aguijón era la mejor medicina para el orgullo que podría haber acompañado el conocimiento excepcional que Dios le había dado a Pablo. En las manos de Dios, un Pablo adolorido era más útil que un Pablo engreído.

¿Qué «aguijón en la carne» tienes? En otras palabras, ¿qué dificultad física, mental, emocional o relacional enfrentas o te humilla regularmente?

Menciona algunas verdades sobre Dios con las que sabes que puedes contar en esa prueba. Para ayudarte, lee Salmo 23:4; Proverbios 3:5-6; Isaías 43:2; Mateo 11:28-29; Romanos 8:28.

Debemos llevar cada debilidad ante Dios y cambiarla por la fuerza que solo Él ofrece.

Las cosas que le causaban dolor a Pablo lo empujaron de continuo hacia el trono de gracia, que es el único lugar de confianza que tenemos. No trató de ocultar cómo se sentía con respecto a su debilidad; la reconoció como un tormento personal. Pablo fue un modelo para expresar la necesidad de Cristo y la lucha contra el pecado y el dolor.

¡Qué poder hay en aceptar la aflicción! Tal vez creceríamos en sinceridad unos con otros si hiciéramos oraciones de conformidad:

Señor, acepto esta etapa de tensión con mi cónyuge y sé
que la usarás para bien.

Señor, acepto esta enfermedad imprevista y sé
que me llevará a confiar en ti.

Señor, acepto la muerte de mi papá, y me recuerda
cada día la brevedad de la vida.

Señor, acepto la carga y el estrés de este trabajo,
sé que me has llamado a esto, y que me capacitarás para hacerlo.

Considera una vez más «el aguijón en la carne» que identificaste en la página anterior. Con un espíritu de oración, completa tu propia declaración de conformidad como los ejemplos dados anteriormente, basado en las promesas bíblicas que conoces como verdad.

Señor, acepto

Sobrellevad los unos las cargas de los otros, y cumplid así la ley de Cristo
GÁLATAS 6:2

La sencillez con la que nos podemos relacionar con Dios debe modelar nuestras relaciones con otros creyentes. Porque Cristo nos conoce por completo y nos ama en verdad, podemos ser plenamente conocidos y amados en Su cuerpo: la iglesia.

Nosotros le amamos a él, porque él nos amó primero.
1 JUAN 4:19

ESTUDIO PERSONAL 2

Lo que la Escritura enseña

¿Cuál es tu mayor fortaleza? ¿Cuál es tu mayor debilidad? Cuando tenemos una entrevista de trabajo, es sabido que debemos preparar nuestras respuestas para esas dos preguntas, y aunque nos cueste elegir las palabras adecuadas para expresar esas respuestas, el hecho es que sabemos cuáles son. La vida nos lo ha enseñado. Queremos que los demás se fijen en las cualidades que nos hacen parecer impresionantes, y que pasen por alto todo lo que pueda hacer que nos vean diferente. A la luz de esta realidad, entremos en el estudio personal de hoy con algunas confesiones sinceras.

En términos de vida de fe, ¿cuál es tu mayor fortaleza?

¿Cuál consideras que es tu mayor debilidad en la vida de fe?

Los primeros cristianos no trataban de impresionarse unos a otros (Hechos 2:44-46). Vivían sus vidas abiertamente, sin nada que ocultar. No obstante, la tentación de impresionar a otros creyentes siempre está ahí, ¿verdad? Pensemos un momento en esa palabra: *impresionante.*

Como seres humanos, queremos que esa palabra se asocie con nuestros nombres. *¿Has conocido a fulano o a mengana? Es impresionante. ¿Lo conoces? Es tan sorprendente.*

¿Quién no desea ser así? Significa que evocamos admiración en los demás, y la admiración aviva el fuego de nuestra autoestima. Nos hace sentir exaltados y sobrehumanos, como si estuviéramos en un nivel superior a los demás.

LEE 2 CORINTIOS 10:10. ¿Cómo el apóstol Pablo se describe a sí mismo?

Según sus propias palabras, el apóstol Pablo no era impresionante. No se consideraba mejor o más fuerte que otros cristianos, y sus compañeros tenían muy poca confianza en su elocuencia y carisma. La descripción de Pablo en este pasaje no es lo que la mayoría de nosotros buscaría en un predicador.

El punto es que, para los estándares del mundo, uno de los más impactantes seguidores de Cristo en el Nuevo Testamento era *débil*. Sin embargo, lo que el mundo consideraría debilidades de Pablo significaba fortaleza en Cristo, y él lo sabía, hasta el extremo que creía que era motivo de celebrar entre otros cristianos.

Y me ha dicho: Bástate mi gracia; porque mi poder se perfecciona en la debilidad. Por tanto, de buena gana me gloriaré más bien en mis debilidades, para que repose sobre mí el poder de Cristo. Por lo cual, por amor a Cristo me gozo en las debilidades, en afrentas, en necesidades, en persecuciones, en angustias; porque cuando soy débil, entonces soy fuerte.

2 CORINTIOS 12:9-10

Piensa en las palabras de Pablo aquí en el contexto de un pequeño grupo de iglesia local. ¿Qué podría haber mencionado Pablo como su petición de oración? ¿Cuál sería su alabanza? ¿En qué se parece o se diferencia eso del tipo de vida que compartes entre creyentes según tu experiencia?

¿Por qué debemos hablar con honestidad de nuestras debilidades?

Mientras Pablo «se jactaba» o compartía sus luchas con los demás, ellos creaban intimidad relacional.

¿De qué manera el orgullo nos impide conocer a plenitud y amar verdaderamente a los demás en el cuerpo de Cristo?

En el primer estudio individual de esta semana aprendimos que la iglesia primitiva se reunía con sencillez de corazón. Mientras compartían los alimentos, estudiaban la Escritura y oraban juntos, lo hacían con auténtica humildad. Lo mismo debería hacer la iglesia de hoy. Al reunirnos, nuestro sentido de comunidad crecerá a medida que confesamos las áreas en que somos débiles, desobedientes, estamos resentidos o enfadados por las circunstancias de la vida. Todas estas cosas forman parte natural de la vida en la carne mientras esperamos el cielo. Ocultarlas no cambia eso. Cuando las reconocemos con humildad, Dios muestra nuestras debilidades como fortalezas. Sufrir de la manera correcta hace que otras personas vean a Cristo en ti.

¿Cuándo has visto que la humildad en la debilidad tiene un impacto positivo en las relaciones entre creyentes?

LEE FILIPENSES 2:3. ¿Por qué considerar a los demás como superiores a uno mismo impacta tu disposición a admitir tus luchas ante ellos?

La iglesia primitiva comía junta con alegría y sencillez de corazón (Hechos 2:46), pero eso no significa que sus vidas fueran color de rosa. Con humildad compartían también sus heridas, luchas y fracasos. Su disposición a hacerlo acrecentó el poder de su testimonio y profundizó su conexión mutua.

¿Qué te asusta de reconocer humildemente tu debilidad ante los demás creyentes?

¿Qué te anima a comprometerte con el pueblo de Dios con ese tipo de honestidad?

Para que tu conexión con los demás crezca, debes llegar a ese punto donde realmente te abres y compartes sobre tu vida: las áreas de las que te sientes más orgulloso y aquellas de las que te avergüenzas.

Cueste lo que cueste, Dios quiere darte un corazón de siervo compasivo para con la gente. Él quiere ayudarte a alcanzar el punto donde los demás sean más importantes que la obsesión con tu desarrollo individual. Cuanto más orgullo inunde tu vida, más se eleva la concepción que tienes de ti mismo y menos eficaz serás al servir a los demás y relacionarte con ellos con alegría y sencillez de corazón.

Confesaos vuestras ofensas unos a otros, y orad unos por otros, para que seáis sanados. La oración eficaz del justo puede mucho.
SANTIAGO 5:16

RESPUESTA PERSONAL

Hacia dónde voy

No es necesario tener una personalidad específica para relacionarse con los demás de manera genuina. Dios quiere que todos Sus hijos experimenten juntos auténtica comunidad. No podemos ser plenamente conocidos y amados en verdad dentro del cuerpo de Cristo si no nos reunimos con sencillez de corazón. No obstante, Juan afirma en 1 Juan 1:7: «... si andamos en luz, como él está en luz, tenemos comunión unos con otros, y la sangre de Jesucristo su Hijo nos limpia de todo pecado».

Así que, desafíate a ti mismo a ser más vulnerable ante los que te rodean. Se necesita valor para ser honesto, pero permítete ser un libro abierto hoy. Comparte con otro creyente lo que estás viviendo.

... de buena gana me gloriaré más bien en mis debilidades...
2 CORINTIOS 12:9b

Un aguijón en mi carne, un dolor crónico que estoy experimentando, es...

(Esto puede ser físico, emocional, mental, relacional, etc.).

... para que repose sobre mí el poder de Cristo.
2 CORINTIOS 12:9c

Un momento doloroso en mi vida que Dios ha usado para bien fue…

Resume brevemente lo que sucedió y una de las lecciones que Dios te enseñó como resultado.

Piensa en una persona con la que puedas compartir de manera sincera y humilde las circunstancias que has descrito. Acércate a esa persona y reúnanse para hablar. Luego, anota en el siguiente espacio lo que te aportó esa conversación.

Un poco de levadura leuda toda la masa.
GÁLATAS 5:9

SESIÓN 4

VIVIR CON GENEROSIDAD

VERDAD

Las inversiones más importantes que hacemos son en las personas.

ESTUDIO GRUPAL

COMENCEMOS

Bienvenidos a la sesión 4 de Juntos en armonía: Vivir con generosidad. *Antes de adentrarse en el estudio grupal, dediquen unos minutos a repasar la sesión 3.*

En el estudio personal de la semana pasada, descubrimos que relacionarnos con autenticidad, con sencillez de corazón, sin tratar de impresionar, sino reconociendo nuestra debilidad, nos permite ser conocidos y amados en la comunidad de fe.

¿Qué has aprendido en tu estudio de Hechos 2:37-47 y 2 Corintios 12:9-10 sobre ser conocidos y amados como miembros de la familia de Dios junto a otros creyentes?

Menciona algún paso que Dios te está guiando a dar para relacionarte con otros creyentes con mayor sinceridad de ahora en adelante.

Definimos la sinceridad como no tratar de impresionar. Sin embargo, otro aspecto de la sinceridad se percibe en nuestro dar; sí, la entrega de quienes somos en realidad, pero también la entrega de nuestro tiempo y recursos. Hay una conexión dentro de las relaciones familiares sinceras donde somos conocidos y amados que produce generosidad.

Las inversiones más importantes que hacemos son en las personas.

En las últimas semanas, ¿cuáles son algunas áreas en las que has aprendido que necesitas entregarte con mayor generosidad a favor de la vida de otros creyentes?

Como preparación para la enseñanza en video, oren juntos y pídanle a Dios que ayude a cada persona a entender y aplicar esta verdad.

VEAMOS EL VIDEO

Utiliza estos enunciados para seguir la enseñanza del video de la sesión 4, y utiliza el espacio en blanco para tomar notas adicionales.

En el contexto de relacionarse con generosidad dentro de la comunidad de fe, hay tres áreas principales a las que debemos prestar atención:

1. Los momentos buenos
2. Los momentos malos
3. Las transiciones

ROMANOS 12:15

Cuando usas tus finanzas para construir relaciones, habrá gente en el cielo para recibirte un día porque invertiste en personas, no en cosas pasajeras.

LUCAS 16:1-15

Abre los ojos para ver a las personas que Dios ha puesto a tu alrededor, y busca las formas de estar disponible para ellos cuando te necesiten.

HECHOS 2:45

Para acceder a las sesiones de enseñanza en video, sigue las instrucciones en la parte posterior de tu libro de estudio bíblico.

ESTUDIO GRUPAL

DIALOGUEMOS

Utiliza estas preguntas e indicaciones para dialogar sobre la enseñanza del video.

¿Qué te llamó la atención de la enseñanza de Ben?

¿Cómo definirías la generosidad en las relaciones? ¿Debería ser eso una expectativa en la comunidad de fe? ¿Por qué?

Ben señaló que algunos de nosotros somos mejores en compartir nuestras finanzas que en entablar relaciones, y viceversa. Sin embargo, no tenemos que elegir una u otra. ¡No deberíamos escoger una sí y otra no! En la iglesia primitiva se priorizaba tanto la generosidad económica como en las relaciones, y todo importaba.

LEE HECHOS 2:42-47. Menciona ejemplos de generosidad económica que aparecen en el pasaje. Menciona ejemplos de generosidad en las relaciones.

Ahora, menciona un ejemplo de vida generosa que hayas visto o experimentado en tu comunidad de fe. ¿Cómo influyó esa generosidad a la unión entre los creyentes?

¿Cuál es el mayor desafío para ti, la generosidad en las finanzas o en las relaciones? ¿Por qué?

Necesitamos aspirar a vivir generosamente como familia eclesial en tres contextos: los momentos buenos, los malos, y las transiciones. Hablemos de cada uno de ellos en términos prácticos. En Romanos 12:15, Pablo escribió: «Gozaos con los que se gozan; llorad con los que lloran».

Piensa en las palabras de Pablo en Romanos 12:15 en cuanto a momentos buenos y malos de la vida. ¿Cómo sería para ti regocijarte con otro creyente que está feliz? Pon un ejemplo.

De las dos instrucciones que Pablo da en Romanos 12:15, gozarse con los que se gozan parece más sencillo. Sin embargo, muchas veces, regocijarse no es fácil ni natural.

¿Por qué gozarse con los que se gozan puede sentirse a veces como un acto de generosidad sacrificial?

¿Cómo sería para ti llorar con otro creyente que está sufriendo? ¿Puedes hacer esto de todo corazón sin derramar lágrimas? Pon un ejemplo de cómo podemos relacionarnos generosamente con otros creyentes en los momentos difíciles.

¿Cómo puedes relacionarte de manera generosa con otro creyente que está pasando por una transición en su vida?

Jesús utilizó una extraña historia sobre un mayordomo deshonesto para enseñarnos sobre la generosidad en las relaciones. Profundizarás en esa historia en tu estudio personal de esta semana, pero leámosla ahora, junto con otro versículo que Ben mencionó, para que podamos comenzar nuestro estudio con el contexto y la intención adecuados.

LEE LUCAS 16:1-15 Y SALMO 90:12. ¿Qué te está enseñando el Señor en cuanto a la armonía en el cuerpo de Cristo en esta sesión sobre vivir con generosidad?

CONCLUYE EN ORACIÓN

CONTEXTO PERSONAL

Donde estoy

¿Saliste de tu zona de confort en el estudio de la semana pasada? La sinceridad de fe que la iglesia primitiva compartía en Hechos 2 ciertamente tiene el potencial de hacernos sensibles en cuanto a nuestras relaciones con los demás. Sin embargo, no debemos detenernos ahí ni retroceder. La sinceridad de fe es un punto de partida, no un fin. Al entrar en la visión de Dios como una familia que se conoce y se ama, invertiremos con generosidad en los demás de diversas maneras.

Analiza y completa los siguientes enunciados a la luz de esta pregunta: «¿Cuál es mi papel en la familia de la iglesia?».

La visión que heredé:

Cómo ha cambiado mi visión con el tiempo:

Factores que han moldeado mi visión:

Razones por las que a veces me he desanimado:

Preguntas que tengo:

Examíname, oh Dios, y conoce mi corazón;
Pruébame y conoce mis pensamientos;
Y ve si hay en mí camino de perversidad,
Y guíame en el camino eterno.
SALMO 139:23-24

ESTUDIO PERSONAL 1

Lo que la Escritura enseña

¿En qué circunstancias o relaciones te considerarías una persona generosa? ¿De qué manera eres generoso en esas situaciones o con esas personas? ¿Por qué?

Ahora, piensa en una relación o contexto de vida en el que no eres generoso. ¿Por qué te resulta difícil ser generoso con esa persona o en esa situación?

VUELVE A LEER HECHOS 2:42-47. ¿Qué tipo de generosidad existía entre los creyentes de la iglesia primitiva?

Todos los que habían creído estaban juntos, y tenían en común todas las cosas; y vendían sus propiedades y sus bienes, y lo repartían a todos según la necesidad de cada uno.

HECHOS 2:44-45

¿Qué razones podrían haber tenido los primeros creyentes para compartir unos con otros con tanta generosidad?

La iglesia primitiva se destacó por una generosidad poco común. Los creyentes en Hechos invertían unos en otros; compartían las finanzas según sus necesidades, y también priorizaban el tiempo de estar juntos y ministrarse mutuamente.

Estaban *juntos*.
Tenían *en común todas las cosas*.
Con generosidad *suplían la necesidad de cada uno*.

Y era lógico. Jesús les había enseñado a vivir con la mentalidad del reino. Después que el Señor murió en la cruz, resucitó de entre los muertos y ascendió ante sus ojos al cielo, ellos comprendieron mejor lo que ese tipo de mentalidad implicaba.

No os hagáis tesoros en la tierra, donde la polilla y el orín corrompen, y donde ladrones minan y hurtan; sino haceos tesoros en el cielo, donde ni la polilla ni el orín corrompen, y donde ladrones no minan ni hurtan. Porque donde esté vuestro tesoro, allí estará también vuestro corazón.

MATEO 6:19-21

Vuelve a redactar la enseñanza de Jesús con tus propias palabras.

Dar tiene que ver más con la actitud de nuestro corazón que con una cantidad específica. La iglesia primitiva nos dejó un ejemplo de vida generosa que demostraba que sus corazones no estaban atados a los tesoros de esta tierra. Sabían que sus pertenencias desaparecerían algún día, así que en vez de acumular posesiones temporales que solo tienen un valor limitado, se enfocaron en la vida eterna con Jesús y en cultivar relaciones sólidas con otros creyentes.

Los creyentes en la iglesia local deben esforzarse por tener una fuerte conexión. Esas relaciones construidas en la tierra tendrán valor eterno, a diferencia de la mayoría de las cosas que acumulamos.

Jesús define con exactitud este tema en la parábola más extraña jamás pronunciada. Trata de un mayordomo deshonesto y corrupto que despertó un día a una terrible realidad. Estaba a punto de perder su trabajo y no tenía a quién recurrir. Tuvo que idear un plan urgente.

LEE LUCAS 16:1-10. ¿Por qué el mayordomo maquinó este plan (v. 4)?

¿Realmente Jesús utilizó a un hombre deshonesto para ilustrar verdad y sabiduría espirituales? Lo hizo. Piénsalo de esta manera: cada uno de nosotros es una mezcla de belleza e imperfección. Bajo esa lente, la historia de un mayordomo deshonesto es entendible por completo. Y tiene un buen propósito. El punto de Jesús no es el engaño, ni el soborno ni la adulación. Él alabó al tan corrupto mayordomo por tener la previsión de anticipar más allá del momento presente y construir relaciones.

¿Cómo cambiarías tu uso del dinero y tu actitud hacia él si miraras más allá de tus circunstancias presentes y te enfocaras en la eternidad?

Repasa tu respuesta a la pregunta que aparece al final de la página 72. ¿Cómo esta parábola te ayuda a entender mejor por qué la iglesia primitiva invertía generosamente en los demás?

Como el mayordomo deshonesto, y como los cristianos de Hechos 2, tenemos que mirar más allá del presente. Acumular dinero no es nuestra meta en la vida. Dios quiere que utilicemos nuestras finanzas para prepararnos para la vida venidera. En otras palabras, vive hoy como si mañana fueras a perder todo lo que posees. Vive tu vida hoy como si lo único que fuera a quedar la próxima semana son tus relaciones.

¿Cuáles son algunas formas específicas en que podemos abrazar y encarnar la lección que Jesús enseña en esta parábola?

El mensaje de Jesús en Lucas 16:1-10 nos sorprende, y con razón. Debería impresionarnos saber que muchos no cristianos con frecuencia muestran más sabiduría en su planificación a largo plazo que la mayoría de los creyentes. El mayordomo deshonesto pensaba en el futuro mientras manejaba el dinero, y Jesús lo elogió como el héroe de la historia. Así corrupto como era, aprovechó las relaciones y pensó en dónde terminaría algún día.

Tener buenas relaciones es mejor que tener capital. Parte de lo que Jesús enseña es: «Invierte tu dinero en tus amistades, para que cuando el dinero se acabe, estas personas te reciban en las moradas eternas». Si minimizamos las relaciones, será en nuestro propio detrimento.

Las personas sabias piensan en las realidades eternas ahora, no después.

UNAS PALABRAS SOBRE EL DIEZMO

Como veremos en el próximo estudio personal, la generosidad según la Biblia no solo se trata del dinero. No obstante, para ser claros, ¡el dinero sí es parte de ella! Este era un tema importante para Jesús. ¡Él habló más del dinero que de la oración! La forma en que usamos nuestras finanzas es un indicador de cuánto el mundo nos domina. Cuando nos angustiamos por tener que desprendernos de dinero o posesiones, es una señal segura de que valoramos los tesoros de esta tierra más que los del cielo.

Si eres parte del gran número de personas que asisten a la iglesia y dan propina en lugar de diezmar, debes saber que ese no es el modelo bíblico de generosidad y de compartir. El vocablo *diezmo* significa diez por ciento. Dios nos llama a dar fielmente el 10 % como mínimo. Si no somos obedientes en esto, estamos fallando en una de Sus pruebas a nuestro carácter, lo que podría causar una gran interrupción de Su favor hacia nuestras vidas (Mal. 3:8-12).

ESTUDIO PERSONAL 2

Lo que la Escritura enseña

Vivir con la mirada puesta en la eternidad, donde nuestro tesoro descansa en el cielo, nos libera para andar de manera diferente. Nuestra actitud hacia nuestras carencias y posesiones ya no está atada a la tierra. Somos capaces de ver nuestras necesidades y las de los demás con otra perspectiva. En lugar de acumular y amasar riquezas que son temporales, podemos aprovechar lo que Dios nos ha dado para mostrar una generosidad enfocada en el cielo.

Observa lo que cada uno de los siguientes versículos enseña sobre la generosidad.

Hechos 3:1-11

Lucas 6:30

Salmo 37:21

Hebreos 13:16

2 Corintios 8:1-7

En toda la Palabra de Dios encontramos ejemplos y exhortaciones que nos impulsan a vivir con generosidad. De hecho, la generosidad es la manera de acumular tesoros en el cielo. Cuando Pedro y Juan se encontraron con el cojo fuera del templo, le respondieron generosamente. No tenían dinero que ofrecerle, pero le dieron lo más valioso que poseían: el poder de Cristo para la sanidad física y espiritual (Hechos 3:1-10). En otros pasajes, la Escritura nos enseña a amar a las personas, no las posesiones, incluso aunque esas personas se aprovechen de nosotros. A Dios le agrada un estilo de vida generoso y sacrificial, en el que Su pueblo va más allá para amar con diligencia a los demás en todos los sentidos posibles.

Las riquezas del mundo no durarán, así que invierte tu vida en las personas.

¡Es tan fácil dejarse llevar por el ajetreo y limitarse a hacer las cosas de forma automática, pero sin esfuerzo ni entusiasmo! Invertir en las personas requiere decisión consciente. ¿Qué significa invertir generosamente en las personas? Consideremos tres momentos claves en la vida que te permiten invertir generosamente en los demás con amor sacrificial.

LOS MOMENTOS BUENOS

Gozaos con los que se gozan.
ROMANOS 12:15a

Piensa en uno de los momentos más felices de tu vida. ¿Quién celebró contigo de manera genuina? ¿Por qué?

¿Hubo alguna ocasión en que otros no celebraron contigo un momento importante? ¿Por qué?

¿Por qué a veces nos resulta difícil gozarnos con los que se gozan?

Es una sensación extraña y desoladora vivir algo especial y no tener a nadie cerca para celebrarlo. A veces, esto sucede porque no les hablamos a los demás del momento especial por miedo a parecer orgullosos o fanfarrones. Otras veces, la gente se aleja de nuestros afortunados logros por su propia tendencia humana a comparar y envidiar. Y Dios quiere que tomemos en serio las palabras de Pablo en Romanos 12. Invertimos generosamente en otras personas al celebrar junto a ellas con autenticidad y esplendidez.

¿Conoces a alguien que está experimentando una gran alegría? ¿Qué pudieras hacer para que esa persona sepa que te regocijas con ella?

LOS MOMENTOS MALOS

Llorad con los que lloran.
ROMANOS 12:15b

¿Alguna vez te has enfrentado a una situación difícil sin una amistad fuerte en la que apoyarte? Si es así, ¿cómo te sentiste? Si no, ¿cómo tus amistades te han apoyado en medio de las adversidades?

El cielo será un lugar sin lágrimas, pero aquí en la tierra hay muchas. En este mundo corrompido, la desesperación, el sufrimiento y el dolor entristecen nuestro corazón y nos hacen llorar.

En Mateo 26:36-46, Jesús pidió a Sus amigos más cercanos que velaran, oraran y estuvieran cerca de Él en Su momento de prueba. Lamentablemente, todos se durmieron.

¿Cuáles son algunas señales de que nos hemos «dormido» en nuestras relaciones con personas que están pasando por momentos difíciles?

En la noche más oscura de Su alma, Jesús deseaba tener cerca a Sus seres queridos. Todos anhelamos ese tipo de apoyo cuando nos enfrentamos a circunstancias difíciles. Y la mayoría de nosotros conocemos a muchas personas que están atravesando pruebas sumamente duras: el cáncer, la pérdida de un familiar, el aguijón del fracaso al cerrar un negocio, la frustración de no lograr un sueño, etc.

Cuando pienses en estas personas, anota sus nombres y ora para que Dios te muestre cómo podrías invertir generosamente en ellas durante su período de prueba.

LAS TRANSICIONES

Y considerémonos unos a otros para estimularnos al amor y a las buenas obras.

HEBREOS 10:24

Menciona alguna época de transición que hayas vivido. ¿Hubo personas que te ayudaron a atravesar bien ese período? Si es así, ¿cómo? Si no, ¿por qué?

La vida está llena de momentos buenos y malos, y también de transiciones. De las tres categorías, las transiciones suelen ser las más ignoradas. Sin embargo, es en los grandes cambios de la vida cuando más apoyo y amor se necesita.

Haz una lista de las personas que conoces que están entrando en una nueva etapa de su vida, y considera cómo puedes acompañarlas y ayudarlas para que no se sientan tan solas.

Quizás te preguntes: «¿Qué tengo yo para compartir generosamente con los demás?». La respuesta a esa pregunta es mucho más que el dinero o las posesiones. Lo más importante que puedes dar a los demás es una expresión externa de tu fe: compartir quién eres en Cristo. Y lo haces cuando te entregas a amar a otras personas: al gozarte, llorar y estar a su lado para apoyarlas en cada circunstancia que la vida les depare.

RESPUESTA PERSONAL

Hacia dónde voy

Si queremos seguir las enseñanzas de Jesús, que incluyen la parábola del mayordomo infiel, debemos aplicarlas a nuestra vida de forma práctica. Jesús no mantuvo a la gente a distancia, sino que las invitó a acercarse a Él para acogerlas por completo. ¿Y tú? ¿Estás marcando la diferencia en la vida de los demás? ¿Quiénes son las personas que saben que te importan, en lo bueno, en lo malo y en lo feo? ¿Estás dispuesto a relacionarte de esa manera con otros creyentes de la iglesia local?

Considera detenidamente las siguientes preguntas y pídele a Dios que abra tu corazón y te ayude a estar dispuesto a invertir en tus relaciones con otros creyentes.

¿Cómo podemos compartir generosamente nuestra preocupación por los demás a través de la oración?

¿En qué relaciones te has comprometido de manera decidida y estás llegando a conocer a la otra persona más y más cada semana? ¿A quiénes estás dejando entrar a tu vida para que te conozcan? ¿Qué necesitas hacer para que se produzca ese tipo de transparencia?

¿En qué persona más joven cercana a tu vida podrías invertir? ¿De qué manera concreta podrías apoyar a la próxima generación y ser para alguien más lo que tú necesitabas cuando eras joven?

Seguramente puedes recordar algún momento de tu vida en el que necesitaste a alguien y te sentiste solo. Por el contrario, puede ser que recuerdes un momento en el que alguien te necesitó y tú no estuviste presente. Es aquí donde brilla más la verdadera esencia del cristianismo. Jesús murió por todos esos momentos en los que nosotros o los demás hemos fallado.

¿Cómo ayudas a otros que están experimentando las mismas heridas que tú has sufrido?

¿En qué relaciones no has mostrado conscientemente tu interés y preocupación? ¿Qué te está guiando Dios a hacer ahora en esas relaciones?

Un poco de levadura leuda toda la masa.
GÁLATAS 5:9

SESIÓN 5

IR MÁS ALLÁ

VERDAD

La comunidad está diseñada para expandirse.

ESTUDIO GRUPAL

COMENCEMOS

Bienvenidos a la sesión 5 de Juntos en armonía: Ir más allá. *Antes de adentrarse en el estudio grupal, dediquen unos minutos a repasar la sesión 4.*

Repasemos lo que aprendimos en el estudio de la semana anterior sobre vivir con generosidad. Se nos recordó que las inversiones más importantes que hacemos son aquellas que se realizan en favor de las personas. De hecho, ¡nuestra unión en la iglesia local depende de ello! No se pueden hacer relaciones profundas con personas a las que no dedicas tiempo ni atención.

¿Qué aprendiste sobre el valor de la generosidad en las relaciones en tu estudio de Hechos 2:37-47, Romanos 12:15 y Lucas 16:1-15?

Menciona algún paso que Dios te está guiando a dar para invertir generosamente en otros creyentes de ahora en adelante.

Como creyentes individuales, entendemos que nuestra obediencia es un testimonio para otras personas. ¡Lo mismo ocurre con la unión en la comunidad de fe! A medida que comprendemos la visión de Dios para la iglesia, nos relacionamos unos con otros con sinceridad, nos conocemos y amamos como familia, y vivimos con generosidad, Dios usará nuestra unidad para atraer a otros hacia Él y hacia la iglesia.

La comunidad está diseñada para expandirse.

¿Cómo describes lo que sientes sobre el crecimiento en tu iglesia local, especialmente en tu propio grupo pequeño: expectante y entusiasmado o incómodo y ansioso?

Como preparación para la enseñanza en video, oren juntos y pídanle a Dios que ayude a cada persona a entender y aplicar esta verdad.

VEAMOS EL VIDEO

Utiliza estos enunciados para seguir la enseñanza en video de la sesión 5, y aprovecha el espacio en blanco para tomar notas adicionales.

Una iglesia saludable es una iglesia en crecimiento donde las personas se sienten impulsadas a salir fuera de sus muros.

HECHOS 2:47

Invita personas a tu vida, no a un lugar.

MARCOS 2:13-17

Cinco observaciones en Marcos 2 que nos enseñan cómo interactuar con los no creyentes:

1. Jesús vio a Leví, hizo contacto visual con él.
2. Jesús invitó a Leví a que lo siguiera, y él lo hizo.
3. Leví invitó a sus amigos no creyentes a cenar con Jesús.
4. Jesús fue juzgado por comer con pecadores.
5. Jesús vivió según Su misión principal: buscar y salvar a los perdidos.

Para acceder a las sesiones de enseñanza en video, sigue las instrucciones en la parte posterior de tu libro de estudio bíblico.

ESTUDIO GRUPAL

DIALOGUEMOS

Utiliza estas preguntas e indicaciones para dialogar sobre la enseñanza del video.

¿Qué te llamó la atención de la enseñanza de Ben?

Ben afirmó: «La comunidad está diseñada para expandirse». ¿Crees que tu iglesia vive con esa expectativa? Explica tu respuesta.

¿De quién creemos que es la responsabilidad de «ir más allá» según nuestro comportamiento en la comunidad de fe (p. ej.: de los líderes de la iglesia, del personal, de la congregación)?

Las iglesias a menudo pasan mucho más tiempo hablando de salir fuera de sus muros de lo que realmente hacen. Se entiende que el evangelismo es un mandato del Nuevo Testamento; sin embargo, ese cometido frecuentemente tropieza con la incertidumbre, el miedo y la incomprensión. Sabemos que Jesús quiere que vayamos más allá, pero nuestra inclinación es centrarnos hacia adentro.

LEE MARCOS 2:13-17, y repasa las cinco observaciones que Ben hizo. ¿Qué aspectos de esa lista te resultan especialmente instructivos hoy día?

¿Cómo podemos implementar estos cinco conceptos en la vida de la iglesia local, sobre todo en grupos pequeños dentro de ella, como una forma de ir más allá?

Nos gustaría que Marcos hubiera ofrecido más información entre los versículos 14 y 15. ¿Te sorprende que Leví respondiera al llamado de Jesús a seguirlo y al mismo tiempo continuara teniendo relación con personas pecadoras?

Ben señaló: «El evangelismo más eficaz que realizamos es en el contexto de relaciones de confianza», y «la hospitalidad es una de las mejores formas de ganar personas para Cristo».

Responde a estas dos preguntas. ¿Hasta qué punto estas verdades te desafían en lo personal? ¿Cómo deberían afectar nuestra comprensión y práctica de la unión en la iglesia?

Nuestra unión implica ir más allá de nosotros mismos e invitar a otros, y eso es difícil. Por tanto, Ben mencionó algunas maneras en que podemos crear la expectativa de ir más allá de nuestro grupo al conversar sobre el evangelio con personas ajenas a la iglesia. Expuso: «Dediquen un momento para compartir historias de conversaciones sobre el evangelio donde el Señor permitió que le contaras a alguien tu propia historia de fe... Encuentren un lugar en la ciudad donde puedan servir juntos... Tengan momentos en los que pregunten sobre lo aprendido o consideren cómo dar el siguiente paso en establecer relaciones en esos contextos».

¿De qué otras maneras podemos animarnos unos a otros a ir más allá?

Ben expuso: «Nos reunimos para poder esparcirnos». ¿Qué significa eso?

¿A quién conoces que no ha tenido un encuentro con Cristo? ¿Qué puedes hacer al respecto?

CONCLUYE EN ORACIÓN

CONTEXTO PERSONAL

Donde estoy

Cuando el cuerpo de Cristo funciona de manera saludable, podemos ser tentados a caer en lo que tal vez hayas escuchado como un «grupo cerrado». Comprender la visión de Dios y vivir con generosidad juntos como una familia donde todos se conocen y aman entre sí es cómodo y alentador. También puede ser increíblemente divertido. Sin embargo, esta comodidad a menudo nos tienta a poner nuestra mirada hacia dentro, e ignorar el mandato de Cristo de que invitemos a entrar a la gente que está ajena a esas gloriosas realidades.

Analiza y completa los siguientes enunciados a la luz de esta pregunta: «¿Cómo nos relacionamos con la gente de fuera de la iglesia?

La visión que heredé:

Cómo ha cambiado mi visión con el tiempo:

Factores que han moldeado mi visión:

Razones por las que a veces me he desanimado:

Preguntas que tengo:

Examíname, oh Dios, y conoce mi corazón;
Pruébame y conoce mis pensamientos;
Y ve si hay en mí camino de perversidad,
Y guíame en el camino eterno.
SALMO 139:23-24

ESTUDIO PERSONAL 1

Lo que la Escritura enseña

¿Crees que todos los miembros del cuerpo de Cristo deben tener un corazón y una pasión por alcanzar a nuevas vidas para Jesús? Explica tu respuesta.

Y el Señor añadía cada día a la iglesia los que habían de ser salvos.
HECHOS 2:47b

¿Puedes siquiera imaginarlo? ¿Cómo sería si tu iglesia local viera sumarse una persona a la fe en Cristo cada día de este año? Qué avivamiento produciría ser testigos de vidas transformadas por el evangelio *diariamente*.

Sin embargo, según una investigación reciente, el 94 % de los miembros de la iglesia afirman que asistieron a la iglesia cuando eran niños.[1] Eso significa que solo el 6 % de las personas en nuestras iglesias vienen por primera vez como adultos. Tenemos mucho trabajo que hacer para atraer a aquellos que se criaron fuera de hogares cristianos.

Incluso si todos estamos de acuerdo en que cada creyente debe tener un corazón y una pasión por alcanzar nuevas vidas para Jesús, la mayoría de los cristianos no están actuando según esa creencia. Esta realidad debería hacer que nos preguntáramos el por qué y que nos examináramos a nosotros mismos.

VUELVE A LEER HECHOS 2:42-47. ¿Qué sucedía en la iglesia primitiva que nos permite saber que sus miembros compartían una pasión sincera por alcanzar a nuevas vidas para Jesús?

¿Qué sucede en tu iglesia local que nos permite saber que sus miembros comparten una pasión sincera por alcanzar a nuevas personas para Jesús?

---

1. Earls, Aaron. «Most Protestant Churchgoers Don't Go to Church Alone» [La mayoría de los fieles protestantes no van solos a la iglesia]. Lifeway Research. Lifeway Christian Resources, 25 de febrero del 2020: https://research.lifeway.com/2020/02/25/most-protestant-churchgoers-dont-go-to-church-alone/.

¿Qué sucede en tu iglesia que pudiera llevar a la gente a pensar que sus miembros no tienen una pasión por los perdidos?

Dos cosas en la tierra irán más allá de la tumba: las palabras de Dios y las almas de los seres humanos.

Una y otra vez, la Biblia nos recuerda la brevedad de la vida y el llamado a invertir en lo eterno (Salmo 49:16-17). También nos muestra el ejemplo de la iglesia primitiva, que estar enfocados en la misión es un resultado natural de habitar juntos en Cristo (Hechos 2:47).

Cuando los creyentes se dedican juntos a aprender de la Palabra de Dios, a cuidarse y compartir, a perdonar y a orar, comprenden lo que es más importante y viven de acuerdo a ello. Al hacerlo, se destacan por ser totalmente diferentes del mundo. Dios atrae a las personas hacia Él por medio de las realidades hermosas que su fiel comunidad demuestra.

LEE MARCOS 2:13-17. ¿Qué similitudes puedes ver entre este relato y el de la iglesia primitiva en Hechos 2:42-47?

Por la ocupación de Leví, sabemos que era un hombre detestado. Trabajaba como recaudador de impuestos junto al camino. Registraba las bolsas de la gente y les cobraba tarifas por impuestos sobre la renta, sobre las ventas, e incluso de peaje. Los hombres en su posición eran conocidos porque solían redondear las cifras y aprovecharse de las personas. La mayoría de los judíos rechazaban a Leví, pero hubo Uno que no lo hizo: Jesús.

¿Qué te enseña la invitación de Jesús: «Sígueme» (v. 14), sobre lo que vio en Leví cuando estaba sentado al banco de los tributos públicos?

Jesús *vio* a Leví, y esa sencilla verdad es instructiva para la iglesia de hoy. Nunca se sabe qué personas a tu alrededor están listas para un cambio. A lo mejor no te das cuenta a primera vista, tienes que observar bien para notarlas.

¿Hay personas que aparecen con frecuencia en tu vida cotidiana? ¿El barista de la cafetería, un empleado de tu librería favorita, un padre en el campo de fútbol? Dios pone gente en tu vida con un propósito, y Él quiere que tengas ojos para verlos.

El evangelismo comienza con notar a las personas que tienes delante y que otros han decidido ignorar.

¿Cómo respondió Leví a la invitación de Jesús (vv. 14-15)? En su nueva vida con Cristo, ¿por qué invitaría a sus amigos pecadores y compañeros de trabajo a cenar con Jesús?

En un momento, Leví se levantó y siguió a Jesús. Y luego, comenzó a invitar a otras personas a seguirlo también. Debido a que Leví se mantuvo en relación con sus amigos no creyentes, estaba en una posición privilegiada para presentarles a Jesús. Los invitó a cenar para que conocieran a Aquel que lo estaba transformando.

¿Cuándo fue la última vez que invitaste a algún no creyente a cenar?

El evangelismo no es una tarea asignada a unos pocos valientes en la congregación. Es un llamado a la vida de cada cristiano.

VUELVE A LEER MARCOS 2:13-17. ¿Quién había abrazado la tentación de crear un «grupo cerrado» para excluir a los de fuera? ¿Por qué?

¿Qué peligros corre una iglesia local que no está unida en el propósito de Jesús de abrazar a los pecadores y compartir el evangelio con ellos?

Los religiosos juzgaron a Jesús por comer con pecadores. Probablemente lo criticaron con textos como Proverbios 13:20b: «... el que se junta con necios será quebrantado». Se preguntaban: «¿Acaso este Jesús no lee el Antiguo Testamento? ¿No sabe que nosotros los religiosos creamos grupos cerrados y nos quedamos dentro de ellos? No vamos donde van los pecadores. Así es como funciona la santidad». Sin embargo, Jesús tenía una estrategia diferente.

Al oír esto Jesús, les dijo: Los sanos no tienen necesidad de médico, sino los enfermos. No he venido a llamar a justos, sino a pecadores.
MARCOS 2:17

El enfoque de la vida de Jesús eran los perdidos. Llámalos los incrédulos, los maleducados, los que no van a la iglesia, los no salvos, como prefieras. El Señor tenía Sus ojos puestos en la gente que no sentían necesidad de religión. ¿Y tú?

La evangelización lleva a cabo la misión de Jesús de llenar el cielo de pecadores salvados por gracia.

ESTUDIO PERSONAL 2

Lo que la Escritura enseña

Comienza el estudio de hoy con un repaso del último párrafo y la última afirmación de la página anterior. Se quedó una pregunta en el aire sin ninguna instrucción directa para responder, y ese era el propósito. Reflexionar sobre nuestro compromiso con Cristo nos ayuda a abrazar realidades más profundas en Él.

No os conforméis a este siglo, sino transformaos por medio de la renovación de vuestro entendimiento, para que comprobéis cuál sea la buena voluntad de Dios, agradable y perfecta.

ROMANOS 12:2

¿Has escuchado alguna vez un sermón sobre la Gran Comisión de Jesús en Mateo 28:18-20? ¿Qué hay de la promesa de Jesús en Hechos 1:8, de que recibiremos el poder del Espíritu para ser Sus testigos en nuestras ciudades y en todo el mundo? Estos textos suelen utilizarse para animar a la comunidad de fe a la evangelización.

Si estamos escuchando y reflexionando sobre las verdades de la misión de Jesús de alcanzar a los perdidos, ¿por qué los creyentes no comparten el evangelio en todas partes? No nos limitemos a tan solo considerar brevemente preguntas apasionantes sobre nuestro papel en la misión de Jesús. La transformación ocurre cuando las verdades que nos confrontan en la Palabra de Dios renuevan nuestra mente. En otras palabras, la reflexión debe ir acompañada de respuestas sinceras y de una apertura al cambio. Solo entonces nos examinaremos a nosotros mismos a la luz del ejemplo de Jesús.

¿El enfoque de la vida de Jesús (llenar el cielo de pecadores salvados por gracia) es el tuyo también? ¿Es el enfoque de tu iglesia local?

Si es así, ¿qué hay en ti que demuestre ese propósito? Si no, ¿qué te impide asimilarlo?

Tal vez pasas la mayor parte de tu tiempo con cristianos y te sientas más cómodo con ellos. También puede que te sientas sumamente incómodo o sin la capacidad necesaria para evangelizar a los perdidos. No obstante, sea cual sea el contexto de tu trabajo y vida social, es imposible que un creyente se aparte del propósito de la misión de Jesús, que era y es ocuparse de los no cristianos.

¿Cómo alcanzamos a los perdidos? Tenemos que conocerlos.

LEE 1 CORINTIOS 16:13-14 (NVI). Observa los cinco mandamientos dados aquí. ¿Qué relación hay entre cada mandamiento y conocer a los perdidos?

Manténganse alerta.

Permanezcan firmes en la fe.

Sean valientes.

Sean fuertes.

Hagan todo con amor.

La amistad genuina es nuestro mejor camino para la evangelización. Lo que te hace atractivo para una persona no creyente no es tu religión, es la relación que le ofreces. Eso solo puede desarrollarse si estás atento a la gente que te rodea, si te involucras con valentía en relaciones fuertes y te mantienes firme en la fe en cada conversación. ¡Y que el amor sea la motivación para todo eso! Las personas no creyentes piensan que la mayoría de lo que hacemos los cristianos es extraño, pero el amor nunca se rechaza.

¿Cuáles de los siguientes mandatos te resultan difíciles: estar alerta cada día a las personas que Dios pone en tu vida, entablar una relación significativa con los no creyentes, mantenerte firme en la fe en cada conversación, o relacionarte con la gente en el amor de Cristo? ¿Por qué?

¿Qué puedes hacer para...

estar más atento a las personas que te rodean?

entablar relaciones significativas con los no creyentes?

mantenerte firme en la fe en cada conversación?

relacionarte con los demás en el amor de Cristo?

Los no creyentes escucharán si se sienten amados.

La mayoría de los no creyentes piensan que todos los cristianos son criticones. Nos perciben como si siempre estuviéramos menospreciando sus fiestas, sus actividades de fin de semana, sus compras, sus *vidas*. Nos ven como enemigos. No tiene por qué ser así. Pasar tiempo de calidad con no creyentes es la mejor manera de ayudarlos a ver la gracia y la bondad de Jesús.

¿Alguna vez te has ganado la confianza de un no creyente por medio de la amistad? ¿Cómo sucedió?

Más confiable es el amigo que hiere
que los abundantes besos del enemigo.
PROVERBIOS 27:6, NVI

¿O menosprecias las riquezas de su benignidad, paciencia y longanimidad, ignorando que su benignidad te guía al arrepentimiento?
ROMANOS 2:4

Algunos podrían objetar y contender: «¡Pasar tiempo con la gente no los lleva al cielo! Tienes que confrontarlos con el evangelio, y el evangelio es ofensivo». ¿Cómo Proverbios 26:5-6 y Romanos 2:4 desafían esa postura?

Compartir el mensaje de Cristo es absolutamente esencial para ver vidas cambiadas, y la amistad abre la puerta a conversaciones sobre el evangelio como ninguna otra cosa. No se puede forzar la evangelización. Requiere tiempo. ¿Invertirás en la vida de personas no creyentes? ¿Las amarás como se debe? Recuerda, es la bondad de Dios la que conduce al arrepentimiento, y la bondad de Dios debe manifestarse en ti.

RESPUESTA PERSONAL

Hacia dónde voy

Que el Señor añada cada día al número de cristianos no debe ser una realidad exclusiva de la iglesia del primer siglo. Él quiere que todas las iglesias locales crezcan en cantidad. De hecho, Jesús nos manda que continuemos yendo más allá de nuestros círculos y llevando a otros a Su familia, lo cual sucede cuando amamos a Dios y a las personas (Mateo 22:37-39). Ese es Su plan hasta el final: «Y será predicado este evangelio del reino en todo el mundo, para testimonio a todas las naciones; y entonces vendrá el fin» (Mateo 24:14).

¿Se unirá tu iglesia a Él en la misión de ir más allá? ¿Lo harás tú? He aquí algunas maneras específicas de vivir como misionero en tu vecindario.

Apréndete los nombres de tus vecinos, incluidos los de sus hijos. Anótalos a continuación.

Comienza a orar por cada uno de ellos por su nombre. Escribe una oración por estas personas en el espacio de abajo.

La Biblia enseña que debemos practicar la *hospitalidad*. Hospitalidad significa *acoger extraños*. ¿Quién en tu calle es todavía un extraño, y qué puedes hacer para cambiar eso? Menciona algunas ideas (p. ej.: cruza la calle cuando estén afuera y preséntate, invítalos a cenar, etc.) y comprométete a poner en práctica al menos una de estas ideas esta semana. ¡Haz que sea divertido!

Un poco de levadura leuda toda la masa.
GÁLATAS 5:9

SESIÓN 6

MANTENER LA UNIDAD

VERDAD

La comunidad requiere que estemos siempre presentes y ofreciéndonos gracia unos a otros.

ESTUDIO GRUPAL

COMENCEMOS

Bienvenidos a la sesión 6 de Juntos en armonía: Mantener la unidad. *Antes de adentrarse en el estudio en grupo, tomen unos minutos para repasar la sesión 5.*

Hoy comienza la última sesión de nuestro estudio de *Juntos en armonía: La comunidad que marcó la iglesia de Hechos 2.* Esta semana, concluiremos con la importancia de mantener la unidad del evangelio que hemos llegado a comprender como fundamental para nuestra unión, sin importar las circunstancias o los desafíos en las relaciones que enfrentamos. Antes de empezar, repasemos el estudio de la semana anterior sobre ir más allá.

En nuestro estudio de Hechos 2:42-47, Marcos 2:13-17 y 1 Corintios 16:13-14, ¿qué aprendiste sobre la misión que compartimos juntos de ir más allá?

Menciona algún paso que Dios te está guiando a dar para ir más allá del círculo de tu iglesia de ahora en adelante.

La comunidad requiere que estemos siempre presentes y ofreciéndonos gracia unos a otros.

En la sesión 1, comenzamos analizando la visión de Dios para la iglesia: *unidad*, por lo que Jesús oró en Juan 17:21 y que la iglesia primitiva experimentó en Hechos 2. Desde entonces, hemos aprendido que Su visión crece dentro de nosotros y se manifiesta en nuestras relaciones cuando nos entregamos a ella. Es una realidad permanente. Dios quiere que conozcamos y experimentemos unidad más allá de estas seis semanas, y eso requiere decisión y compromiso.

Cuando las relaciones se ponen difíciles, ¿tiendes a alejarte o a permanecer?

Como preparación para la enseñanza en video, oren juntos y pídanle a Dios que ayude a cada persona a entender y aplicar esta verdad.

VEAMOS EL VIDEO

Utiliza estos enunciados para seguir la enseñanza en video de la sesión 6, y aprovecha el espacio en blanco para tomar notas adicionales.

Debemos dar la máxima importancia a las cosas principales y no permitir que las pequeñas cosas nos distraigan de estar unidos.

HECHOS 2:44

¿Hay algún capítulo y versículo relacionado a lo que te ofende en la comunidad, o es solo una cuestión de preferencia?

ROMANOS 14

Existe la manera amorosa de confrontar a las personas, y debería ser la norma en la iglesia y no la excepción.

PROVERBIOS 27:5-6

Permanezcan unidos. Continúen buscando las formas de mostrar y recibir gracia a fin de que el Señor sea glorificado mientras edificamos Su iglesia.

Para acceder a las sesiones de enseñanza en video, sigue las instrucciones en la parte posterior de tu libro de estudio bíblico.

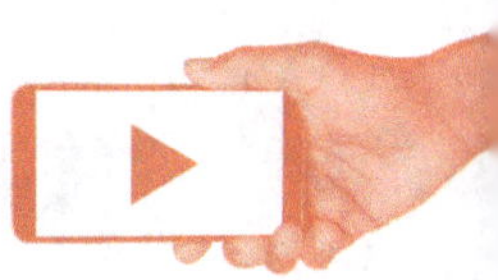

ESTUDIO GRUPAL

DIALOGUEMOS

Utiliza estas preguntas e indicaciones para dialogar sobre la enseñanza del video.

¿Qué te llamó la atención en la enseñanza de Ben?

Hechos 2:44 enseña esto sobre la primera iglesia: «Todos los que habían creído estaban juntos, y tenían en común todas las cosas». Esto no significa que todos estaban de acuerdo en cuál era la mejor canción de adoración, ni en la mejor manera de formar grupos pequeños, ni sobre quién trajo el mejor plato de comida para compartir. Como Ben explicó, significa que ellos daban la máxima importancia a las cosas principales y no permitían que nada se interpusiera en esa prioridad que era la unidad del evangelio.

¿Cómo describes lo que significaría «todas las cosas en común» en tu comunidad de fe?

¿Cuáles son algunas distracciones que tienden a impedir que se mantenga este tipo de unidad?

LEE ROMANOS 14:1-4, 19-20. Cuando hay conflicto entre nosotros, ¿qué principios debemos practicar para mantener la unidad y la armonía?

Así como es imposible tener una relación estrecha con otra persona sin que haya algún desacuerdo, nunca experimentarás una relación profunda en la iglesia sin que haya conflicto. ¡Y eso está bien! Ben afirmó: «La confrontación no es enemiga de la intimidad». De hecho, las relaciones más valiosas que tenemos en la tierra surgen cuando se ha resuelto una discrepancia, porque al hacerlo, «se ha pagado el costo asociado a la relación».

En tu experiencia, ¿la confrontación en las relaciones ha sido enemiga o aliada de la intimidad? ¿En qué sentido?

LEE PROVERBIOS 27:5-6. Piensa en tus relaciones en el cuerpo de Cristo. ¿Cuál declara Proverbios 27:5-6 que es la «mejor» forma y «digna de confianza» de relacionarse?

¿Qué te resulta difícil de eso?

Piensa de nuevo en lo que afirma Ben: «Las relaciones más valiosas que tenemos surgen cuando se ha resuelto una confrontación, "porque se ha pagado el costo asociado a la relación". Hemos mencionado el costo, pero ¿cuál es el valor? ¿Qué beneficio tiene "una reprensión manifiesta" y "las heridas del que ama" (Proverbios 27:5-6) en el contexto de la vida de iglesia?».

La Palabra de Dios lo deja claro: si hubo una ruptura de la unidad, nos corresponde a nosotros ir a la persona o las personas implicadas y tratar de resolver la situación. Ben nos animó: «Permanezcan unidos. Continúen buscando las formas de mostrar y recibir gracia a fin de que el Señor sea glorificado mientras edificamos Su iglesia».

¿Cómo podemos resumir lo que se necesita para mantener la unidad y la armonía a largo plazo?

¿Cómo te ha animado este estudio con respecto al futuro de tu vida con los demás en la iglesia? ¿De qué manera te ha desafiado?

CONCLUYE EN ORACIÓN

CONTEXTO PERSONAL

Donde estoy

En esta sexta y última sesión de *Juntos en armonía*, volvemos al punto de partida. La visión de Dios para la iglesia es que estemos unidos en Jesús y en las realidades de Su evangelio de gracia. ¡Es mucho más fácil decirlo que hacerlo! Sin embargo, Dios nos llama a perseverar y dedicarnos a mantener la unidad que Él nos da en Cristo. Todos nosotros llegamos a la iglesia con experiencias diferentes, y el conflicto es inevitable. Entonces, mantener la unidad implica identificar los mensajes y las expectativas que hemos aprendido a lo largo de nuestra vida para que podamos invitar a Dios a alinear nuestra mente y corazón con la mente y el corazón de Su Espíritu en nosotros.

Analiza y completa los siguientes enunciados a la luz de esta pregunta: «¿De qué forma perseveramos como iglesia cuando las cosas son difíciles o complicadas?».

La visión que heredé:

Cómo ha cambiado mi visión con el tiempo:

Factores que han moldeado mi visión:

Razones por las que a veces me he desanimado:

Preguntas que tengo:

Examíname, oh Dios, y conoce mi corazón;
Pruébame y conoce mis pensamientos;
Y ve si hay en mí camino de perversidad,
Y guíame en el camino eterno.
SALMO 139:23-24

ESTUDIO PERSONAL 1

Lo que la Escritura enseña

¿Alguna vez has comparado tu iglesia local con otras a las que pudieras asistir? ¿Por qué nos sentimos tentados a comparar? ¿Por qué muchas veces las iglesias que vemos de lejos nos parecen mejores que la nuestra?

Ninguna iglesia es perfecta, pero algunos creyentes pasan su vida buscando lo más cercano a la perfección. Incluso si has sido miembro de la misma congregación por 40 años, lo entiendes. La amas, pero hay cosas que cambiarías si tuvieras la oportunidad. Todos queremos que nuestras iglesias mejoren, como sea que sepamos definir eso.

Un estudio detallado de la primera iglesia podría agravar un poco esa frustración en nosotros. Podemos leer sobre la primera iglesia y sentir que nuestras relaciones y la cultura de la iglesia simplemente no están a la altura. La realidad en el pasaje que hemos estado estudiando en Hechos 2 no duró poco. En los primeros años de la vida de la iglesia hubo enfrentamientos, amenazas, golpizas, detenciones, encarcelamientos e incluso el martirio de cristianos. Sin embargo, la iglesia siguió creciendo en cantidad y en unidad.

LEE HECHOS 4:1-4, 32-35. ¿Qué te parecen los resultados positivos del crecimiento y la unidad en estas circunstancias? ¿Son comunes o inusuales en la iglesia de hoy? ¿Te identificas con ellos o no? ¿Son resultados esperados o inesperados? ¿Por qué?

Y la multitud de los que habían creído era de un corazón y un alma; y ninguno decía ser suyo propio nada de lo que poseía, sino que tenían todas las cosas en común.

HECHOS 4:32

Puesto que la doctrina de la depravación está tan claramente descrita en la Escritura, Hechos 4:32 y cualquier otro versículo que explique la naturaleza ejemplar de la iglesia primitiva no puede significar que sus relaciones fueran de color de rosa, divinas y perfectas. Lo que Lucas describió en esa comunidad primitiva fue una unidad pacífica, no un acuerdo unánime en todos los asuntos.

Si la iglesia primitiva era mejor que la nuestra, es porque estos cristianos recién convertidos comprendieron que la unidad era esencial. Tomaron medidas para fomentarla y protegerla. Más tarde, Pablo desafiaría a los creyentes a buscar la ayuda del Espíritu Santo para mantener avivadas las relaciones.

Esfuércense por mantener la unidad del Espíritu mediante el vínculo de la paz.
EFESIOS 4:3, NVI

¿Por qué Pablo necesita instruir a personas que antes consideraban la unidad como esencial para que ahora se esfuercen por mantenerla?

La realidad de nuestra naturaleza pecaminosa no solo nos afecta como individuos, sino también como familias. Y eso es la iglesia: juntos somos la familia de Dios. En esa familia, a veces no nos pondremos de acuerdo; surgirán conflictos. En ocasiones nos sentiremos incomprendidos, olvidados, e incluso no amados, tal vez hasta el punto de querer desvincularnos por completo de la iglesia. Así que no podemos terminar nuestro estudio sin analizar la importancia de la sanidad en las relaciones dentro del cuerpo de Cristo.

En las familias eclesiales saludables, existe el compromiso de permanecer juntos en los buenos y malos momentos de la vida.

Vuelve a leer la frase al final de la página anterior. Ahora, responde con dos frases *propias* que la contrarresten y empiecen así:

Pero ¿y si...?

No obstante, ¿qué sucede...?

Todos podemos razonar sobre la naturaleza esencial de la unidad en la iglesia. Si hemos forjado relaciones en una congregación por mucho tiempo, sabemos por experiencia que algunas iglesias continúan durante décadas de forma malsana y desunida. No obstante, Dios sabía eso cuando Su Espíritu dirigió a Pablo para que escribiera las palabras de Efesios 4:3, y aún hoy quiere que prestemos atención al mensaje.

LEE ROMANOS 14:1-12. ¿Qué temas causaron desunión entre estos cristianos? Subraya la respuesta en cada frase que aparece a continuación.

El evangelio de la gracia o qué comer.

La existencia del cielo y del infierno o qué días se pueden hacer celebraciones.

Pablo identificó a los dos grupos en desacuerdo como débiles en la fe y fuertes en la fe. Aquellos que eran fuertes entendían la libertad cristiana. No eran perfectos, pero sabían que en Cristo ya no estaban sujetos a la ley. No sentían culpa ni vergüenza por comer cerdo o por no celebrar una fiesta tradicional.

El grupo más débil no estaba dispuesto a renunciar a sus tradiciones. Habían crecido con reglas, y esas reglas no se abandonaban fácilmente. Eran cristianos auténticos y comprometidos, también amados por Dios, pero vivían con un constante sentimiento de culpa si dejaban de lado las leyes antiguas. Así que tenían fuertes contradicciones sobre temas como la comida y las fiestas en la iglesia.

Pablo les habló enérgicamente a ambos grupos. Menciona cada instrucción que el apóstol dio a uno o a ambos grupos sobre qué hacer y qué no hacer. La primera instrucción en cada caso aparece como ejemplo.

Haz esto	No hagas esto
Recibe a los débiles en la fe	*No discutas sobre cuestiones innecesarias*

¿Cómo te ayuda este pasaje a saber cuándo hablar y cuándo callar sobre asuntos que pudieran ser objeto de disputa en la iglesia?

Algunas cosas en la vida son dignas de debate. Algunos temas deberían hacer que nuestro corazón lata a toda velocidad y nuestros rostros ardan. La mayoría de las cosas no entran en esta categoría, y los cristianos somos constantemente tentados a centrarnos en lo secundario, a «preocuparnos por las cosas pequeñas».

¿Te ha sucedido alguna vez? ¿Hubo algún momento en que le diste mucha importancia a un asunto menor en relación a la vida de la iglesia? ¿Qué fue? ¿Qué aprendiste?

En nuestro estudio final, profundizaremos en Romanos 14 a fin de encontrar principios para mantener la unidad. Pero primero, centremos nuestro corazón y mente en el punto principal que todos necesitamos recibir: a veces, en lugar de estar unidos según el modelo de unidad de la iglesia de Hechos 2, le damos demasiada importancia a algo insignificante, creamos tensión y perturbamos la unidad que Jesús desea que experimentemos y por la cual murió.

Los cristianos debemos esforzarnos por vivir en paz unos con otros, incluso cuando no estemos de acuerdo.

ESTUDIO PERSONAL 2

Lo que la Escritura enseña

Analiza cómo le responderías a alguien que pregunta: «¿Por qué debemos aceptar a las personas con las que no estamos de acuerdo en nuestra iglesia? ¿Por qué debemos tratar de mantener la unidad en vez de entender que hay gente con las que simplemente no podemos llevarnos bien?».

El desacuerdo que Pablo enfrentó en Romanos 14 era sobre comidas y días festivos. ¿Discutes con otros creyentes sobre cosas triviales? ¿Por qué?

Cuando Pablo escuchó sobre las cosas insignificantes que estaban causando conflicto en la iglesia en Roma, casi no podía creerlo. Por tanto, escribió algunos principios para guardar la unidad.

Tres razones por las que debemos aceptar a los que no están de acuerdo con nosotros en la iglesia.

1. Dios los ha aceptado (Romanos 14:1-3).

Hemos comenzado cada semana de este estudio identificando el trasfondo que traemos a nuestras relaciones en la iglesia local.

¿Cómo ese proceso te ha ayudado a aprender sobre la unidad entre los creyentes?

Los judíos y los gentiles en Roma tenían sus propios trasfondos. Y Dios usaría todo eso para ayudarlos a entender cómo la muerte y la resurrección de Jesús debía impactar su unidad como iglesia. Jesús cumplió la ley y se convirtió en la fuente de justicia; venció todos los trasfondos, por ejemplo: las reglas y las costumbres que se habían interpuesto entre los cristianos en Roma.

LEE ROMANOS 14:1-3. ¿Cómo la aceptación de Dios de todos los que son «débiles en la fe» debe impactar nuestras relaciones en el cuerpo de Cristo?

Dios tiene una buena actitud hacia todos los cristianos que llegan a él con todo tipo de trasfondo. Él no estaba enojado con los judíos que decidían comer zanahorias y frijoles, y tampoco estaba enojado con los gentiles que preferían las chuletas de cerdo. Dios no discriminó ni discrimina a nadie por su dieta, por lo tanto, nosotros tampoco debemos hacerlo. Debemos recibir a todos, aunque tengan preferencias distintas a las nuestras, pues Dios los ama profundamente.

Dios ama a todas las personas. Él prefiere la diversidad y no la uniformidad. Sin embargo, a nosotros nos gusta relacionarnos con aquellos que se visten como nosotros, que comen lo mismo que nosotros, que leen lo que nosotros leemos, que votan por quienes nosotros votamos, y que se recrean como nosotros. Nos gusta la uniformidad, pero el cuerpo de Cristo no es así. La iglesia es multiétnica, multigeneracional y tiene múltiples opiniones por una razón. Esta diversidad representa el poder de Dios de reconciliar a todos consigo mismo.

Recibid al débil en la fe, [...] porque Dios le ha recibido.
ROMANOS 14:1a, 3c

¿Qué preferencias de otros creyentes se interponen en tu unidad con ellos? ¿Qué puedes hacer para recibirlos o aceptarlos como Dios lo hace?

Mantenemos la unidad en la iglesia cuando aceptamos a quienes Dios acepta, cuando somos generosos y compasivos en asuntos controversiales.

2. Tu opinión de otro cristiano no importa para Dios (Romanos 14:4).

¿Tú quién eres, que juzgas al criado ajeno? Para su propio señor está en pie, o cae; pero estará firme, porque poderoso es el Señor para hacerle estar firme.

ROMANOS 14:4

¿Significa esto que todo es permisible? ¿Debemos aceptar con agrado los pecados de aquellos con quienes Dios nos ha unido en Cristo? ¿Por qué?

Recuerda, Pablo estaba enfrentando asuntos controversiales entre cristianos: aquellas cosas sobre las que la Escritura no habla; no se refería a pecados.

LEE LUCAS 17:3. ¿Qué debemos hacer cuando otros cristianos pecan? ¿Qué no debemos hacer cuando otros tienen opiniones con las que no estamos de acuerdo (Romanos 14:4)?

LEE JUDAS 24. ¿Cómo esta promesa futura nos ayuda a mantener la unidad hoy?

Los creyentes con los que no estás de acuerdo o discutes, tanto en persona como por Internet, estarán ante Dios igual que tú. Ellos tendrán que dar cuenta de sus criterios, así como tú. Y a pesar de las firmes opiniones de ambos, Jesús eliminará las diferencias.

Mantenemos la unidad en la iglesia cuando permanecemos juntos ahora como lo haremos en el cielo: gozosos y sin avergonzarnos por la gracia de Dios.

3. Cada cristiano debe vivir según su propia consciencia (Romanos 14:5-9).

Las personas al ser diferentes tienen diferentes convicciones, y eso no va a cambiar de este lado de la gloria. Cada miembro del cuerpo de Cristo debe orar por sus convicciones personales y vivir según ellas. Y una vez que las establecemos, no debemos comprometerlas ni dejar que nadie nos lleve a deshonrarlas.

Cada uno esté plenamente convencido en su propia mente.
ROMANOS 14:5c

La otra parte de esta verdad también debe cumplirse: no debemos imponer a otros cristianos nuestras convicciones sobre asuntos controversiales. Más bien, debemos ser gentiles con quienes hacen las cosas diferentes a nosotros. Cada cristiano debe vivir para el Señor, no para la aprobación unánime de los demás.

Pon un ejemplo de un asunto controversial sobre el cual no estás de acuerdo con otros en el cuerpo de Cristo (p. ej.: la edad a la que es correcto que tu hijo(a) comience a tener citas, trabajar los domingos, usar pantalones cortos para ir a la iglesia el domingo).

¿Qué te lleva a pensar, decir o hacer Romanos 14:5-9?

Mantenemos la unidad en la iglesia cuando honramos nuestras convicciones con devoción y así glorificamos a Dios de manera personal.

RESPUESTA PERSONAL

Hacia dónde voy

Como estamos terminando este estudio, queremos desafiarte a que permanezcas en tu iglesia en las etapas de armonía y también en las de desacuerdo, sobre todo cuando las cuestiones son sobre asuntos ajenos al evangelio. Una iglesia que se mantiene unida glorifica a Dios.

Identifica algunos desacuerdos que puedan existir o que realmente existen en tu iglesia local.

Ahora, evalúa esos desacuerdos según Romanos 14:1-12; utiliza los siguientes criterios:

¿La posición que estás tomando acoge a los nuevos en la fe?

¿El desacuerdo es sobre un asunto esencial para el evangelio?

¿Estás menospreciando o juzgando a los demás?

¿Puedes estar convencido en tu mente y permitirles a los demás ese mismo privilegio?

¿Honra al Señor la posición que estás tomando?

¿El desacuerdo está provocando rencor en ti?

¿Estás listo para presentarte ante el Señor y dar cuentas de la posición que estás eligiendo?

¿Con cuáles de estas verdades sobre las personas con quienes tienes desacuerdos estás luchando por aceptar para que se cree entre ustedes la unidad que nace del evangelio?
- Dios las ha aceptado.
- Tu opinión sobre ellas no importa para Dios.
- Ellos deben vivir según su propia consciencia.

¿Estás listo para permanecer en tu iglesia en las etapas de armonía y también en las de desacuerdo, sobre todo cuando las desavenencias sean sobre cuestiones ajenas al evangelio? Pídele a Dios que te dé un espíritu de sabiduría y de paciencia para permanecer en la familia en que Él te ha puesto.

Un poco de levadura leuda toda la masa.

GÁLATAS 5:9

ESTUDIOS BÍBLICOS CORTOS

MI EXPERIENCIA CON DIOS

El autor le ayuda a entender, usando principios bíblicos, la manera en que Dios enseña a: conocer cuándo Él habla, reconocer Su actividad en el diario vivir, conocer lo que el quiere hacer mediante su vida y responder adecuadamente lo que Él esta haciendo. (13 sesiones)

001133338 • 9780767323697

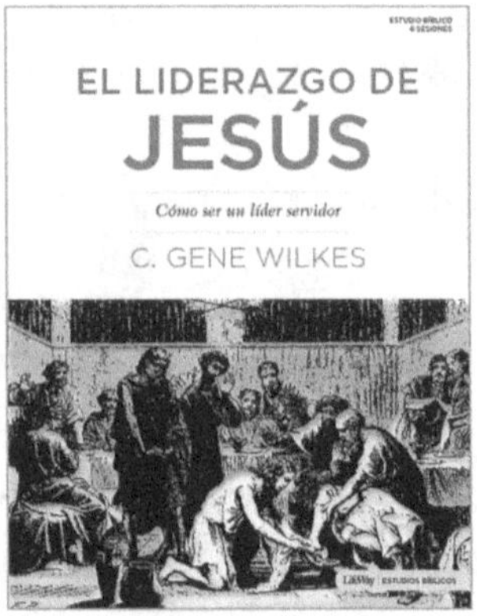

EL LIDERAZGO DE JESÚS

Enseña a adoptar el liderazgo de las enseñanzas de Jesús y cubre la mayor necesidad de la iglesia: contar con líderes mejor entrenados. (5 sesiones)

001133361 • 9780767326681

REVELACIÓN DE DIOS

En lugar de dejarnos angustiados como resultado de la condición del mundo que nos rodea, Apocalipsis nos permite ver un panorama más amplio, de modo que podamos enfrentar el futuro con confianza.

1087701422 • 9781087701424

PASO A PASO POR EL ANTIGUO TESTAMENTO

Presenta un panorama del Antiguo Testamento. Ayuda a comprender e interpretar mejor sus enseñanzas a la vida diaria. Se profundiza en el mensaje, eventos, personajes, y temas.

(13 sesiones)

001133347 • 9780767325387

PASO A PASO POR EL NUEVO TESTAMENTO

Sigue el ministerio de Cristo y Sus seguidores. Provee un marco para comprender e interpretar el Nuevo Testamento y enseñar el trasfondo bíblico, aplicando la Palabra a la vida cristiana.

(13 sesiones)

001133345 • 9780767325363

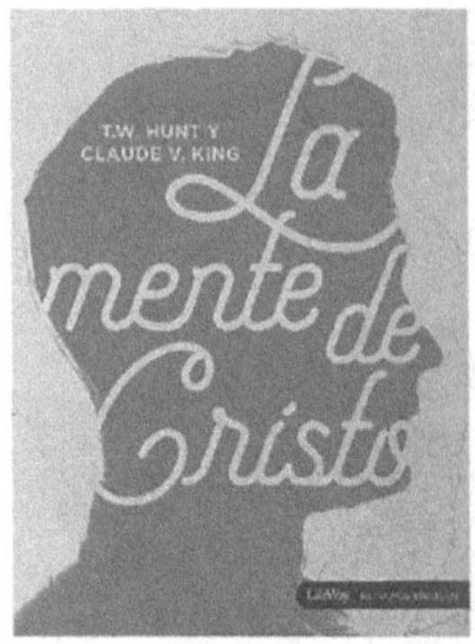

LA MENTE DE CRISTO

Este estudio enseña al creyente a pensar como Cristo. Utiliza la Biblia de una manera práctica, para enseñarnos sobre: la libertad, el estilo de vida, la mente de siervo y la conducta de Cristo.

(13 sesiones)

001134077 • 9780805497991

UNIDOS en Jesús

- BASADO EN LA SERIE -
EL CAMINAR DEL DISCÍPULO

www.serieunidos.com/jesus

LA SERIE COMPLETA

Basado en la serie "El caminar del discípulo", este programa está basado en el modelo de discipulado que Jesús utilizó con Sus discípulos. La serie ofrece un programa intencional para líderes y creyentes que buscan un discipulado que transforma, y ayudará a los seguidores de Cristo a crecer hasta convertirse en discipuladores maduros. Esta serie enfatiza los siguientes principios: modelar, aprender, poner en práctica y multiplicar (6 volúmenes).

ISBN: 9781087746487

VOLÚMENES INDIVIDUALES

Unidos en Jesús
EL COMIENZO

El Comienzo, ofrece lecciones que exploran los fundamentos de la fe en Jesús, y responde a las preguntas más importantes para los nuevos seguidores de Jesús (5 semanas).

ISBN: 9781087745428

Unidos en Jesús
EL CAMINO

El Camino, se enfoca en el peregrinaje de los seguidores originales de Jesús y lo usa como modelo para guiar a los nuevos discípulos a caminar por la senda del evangelio (5 semanas).

ISBN: 9781087745435

Unidos en Jesús
EL LLAMADO

El Llamado, se enfoca en entender quién es realmente Jesús y se examina las prioridades del discípulo, el costo del discipulado y fruto de un discípulo (6 semanas).

ISBN: 9781087745442

Unidos en Jesús
LA VERDAD

La Verdad, explora las doctrinas fundamentales de la fe que guían la vida de un discípulo de Jesús, y enseña maneras de aplicar las doctrinas fundamentales a la vida cotidiana (6 semanas).

ISBN: 9781087745459

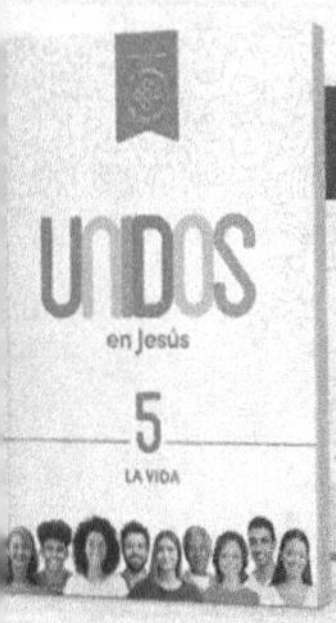

Unidos en Jesús
LA VIDA

La Vida, estudia la práctica de disciplinas tales como leer la Biblia, orar, vivir en comunidad, servir y evangelizar. Explora además la relación entre las disciplinas y la vida del discípulo (6 semanas).

ISBN: 9781087745466

Unidos en Jesús
LA MISIÓN

La Misión, concluye esta serie admirando la grandeza de la misión de Dios en el mundo, y el papel crucial del discípulo en Su plan redentor, siendo Jesús el centro de su vida y sus acciones (6 semanas).

ISBN: 9781087745473

UNIDOS ESTUDIOS BÍBLICOS

Unidos busca servir a la iglesia de habla hispana en todo el mundo ofreciendo materiales y herramientas para el estudio sistemático de la Palabra de Dios. Conoce más en *www.serieunidos.com*.

www.serieunidos.com

serieunidos.com

EQUIPA por Lifeway

Lifeway recursos

Descubre la visión de Dios para la iglesia.

La iglesia descrita en Hechos 2 es bastante diferente de lo que la mayoría de nosotros experimentamos hoy. ¿Acaso Dios ha cambiado? ¿O es que nos falta algo?

Este estudio de la iglesia primitiva ofrece una perspectiva poderosa sobre temas como el compromiso, la comunión, la oración, la generosidad, la unidad y más. Observar las prácticas comunes de los primeros creyentes puede inspirarnos a buscar una conexión más profunda con Dios y Su misión.

- Considérate miembro de la familia de Dios, donde eres conocido y amado.
- Siente que tienes un profundo significado dentro de la comunidad.
- Aprende a entregar tu vida en servicio a Jesús y a los demás.
- Ayuda a tu iglesia a convertirse en una bendición para tu ciudad.
- Mantén la unidad del cuerpo al tener un compromiso y una misión compartidos.

¿DESEAS ESTUDIAR DE MANERA INDIVIDUAL?

Para enriquecer tu experiencia de estudio, asegúrate de acceder a los videos disponibles a través del código impreso en este Libro de estudio bíblico.

¿ERES LÍDER DE UN GRUPO?

Cada miembro del grupo necesitará un Libro de estudio bíblico: Juntos en armonía, el cual incluye un acceso a video. Puesto que todos los participantes tendrán acceso al contenido del video, si deseas, puedes ver los videos fuera de la reunión en grupo. O, si lo están viendo juntos y alguien no asiste a la reunión, tendrá la posibilidad de ponerse al día.

RECURSOS ADICIONALES

Descubre ejemplos de sesiones, videos y materiales promocionales para iglesias en lifeway.com/juntosenarmonia.